Anselm Grün OSB / Meinrad Dufner OSB

Spiritualität
von unten

VIER-TÜRME-VERLAG MÜNSTERSCHWARZACH
1994

Die Deutsche Bibliothek – CIP-Einheitsaufnahme

Grün, Anselm:
Spiritualität von unten / Anselm Grün/
Meinrad Dufner. – 1. Aufl. – Münsterschwarzach :
Vier-Türme-Verl., 1994
  (Münsterschwarzacher Kleinschriften ; Bd. 82)
  ISBN 3-87868-499-1
NE: GT

3. Auflage 1995
Gesamtherstellung: Vier-Türme-Verlag, D-97359 Münsterschwarzach Abtei
© 1994 by Vier-Türme-Verlag, Münsterschwarzach Abtei
ISSN 0171-6360
ISBN 3-87868-499-1

INHALT

Einleitung

In der Geschichte der Spiritualität gibt es unter anderem zwei Strömungen. Da gibt es eine Spiritualität von oben und eine von unten. Spiritualität von unten meint, daß Gott nicht nur in der Bibel und durch die Kirche zu uns spricht, sondern gerade auch durch uns selbst, durch unsere Gedanken und Gefühle, durch unsern Leib, unsere Träume und gerade auch durch unsere Wunden und unsere vermeintlichen Schwächen. Die Spiritualität von unten wurde vor allem im Mönchtum praktiziert. Die frühen Mönche setzten beim Umgang mit den eigenen Leidenschaften an, sie begannen bei der Selbsterkenntnis, um den wahren Gott erkennen und ihm begegnen zu können. Evagrius Ponticus formuliert diese Spiritualität von unten in dem klassischen Satz: „Willst Du Gott erkennen, lerne vorher Dich selber kennen." Das Aufsteigen zu Gott geht über das Hinabsteigen in die eigene Realität bis zu den Tiefen des Unbewußten. Die Spiritualität von unten sieht den Weg zu Gott nicht als Einbahnstraße, auf der man immer weiter auf Gott zu geht. Der Weg zu Gott führt vielmehr über Irrwege und Umwege, über das Scheitern und über die Enttäuschung von sich selbst. Nicht meine Tugend ist es, die mich vor allem für Gott öffnet, sondern meine Schwäche, meine Ohnmacht, ja sogar meine Sünde.

Die Spiritualität von oben setzt bei den Idealen an, die wir uns machen. Sie geht von Zielvorstellungen aus, die der Mensch durch Askese und Gebet erreichen sollte. Die Ideale werden dabei aus dem Studium der Heiligen Schrift, der kirchlichen Morallehre und der Vorstellung von sich selbst genommen. Die Grundfrage dieser Spiritualität von oben ist: Wie hat ein Christ zu sein?

Was muß ein Christ tun? Welche Haltungen müßte er verkörpern? Die Spiritualität von oben entspringt der menschlichen Sehnsucht, immer besser zu werden, immer höher aufzusteigen, Gott immer näher zu kommen. Sie wurde vor allem in der Moraltheologie der letzten dreihundert Jahre vertreten und in der Aszetik, wie sie seit der Aufklärungszeit gelehrt wird. Die moderne Psychologie ist dieser Form von Spiritualität gegenüber sehr skeptisch, weil sie in der Gefahr steht, den Menschen innerlich zu zerreißen. Wer sich mit den Idealen identifiziert, verdrängt häufig seine Wirklichkeit, die diesen Idealen nicht entspricht. So wird der Mensch innerlich gespalten und krank. Von der Psychologie her wird dagegen eine Spiritualität von unten, wie sie die frühen Mönche gegangen sind, eher bestätigt. Denn für die Psychologie ist es klar, daß der Mensch nur über die ehrliche Selbsterkenntnis zu seiner Wahrheit gelangen kann.

Es geht in der Spiritualität von unten aber nicht nur darum, auf Gottes Stimme in meinen Gedanken und Gefühlen, in meinen Leidenschaften und Krankheiten zu hören und dadurch das Bild zu entdecken, das Gott sich von mir gemacht hat. Es geht auch nicht nur um den Aufstieg zu Gott durch den Hinabstieg in meine Realität. Vielmehr geht es in der Spiritualität von unten darum, daß wir gerade dort, wo wir am Ende unserer Möglichkeiten angelangt sind, offen werden für eine persönliche Beziehung zu Gott. Das wahre Gebet, so sagen die Mönche, steigt aus der Tiefe unserer Not empor und nicht aus unserer Tugend. Jean Lafrance, der das Gebet aus der Tiefe als das typisch christliche beschreibt, brauchte lange Zeit die Erfahrung des Scheiterns, um zum wahren Gebet zu gelangen. Er schreibt: „Alle Anstrengungen, die wir durch Askese und Gebet machen, um von Gott Besitz zu ergreifen, gehen in die falsche Richtung; wir gleichen damit ständig Prometheus, der sich des Himmelsfeuers bemächtigen will. Es ist wichtig, zu erkennen, inwieweit ein solches Vollkommenheitsschema einen Weg verfolgt, der dem widerspricht, den Jesus im Evangelium aufgezeigt hat... Jesus hat keine Stufenleiter der Vollkommenheit aufgestellt, auf der man Sprosse um Sprosse hinaufsteigt, um zuletzt Gott zu besitzen, sondern er hat einen Weg aufgezeigt, der in die Tiefen der Demut hinabführt... Am Scheideweg haben wir also zu wählen, welchen Weg wir einschlagen wollen, um zu Gott zu gelangen. Den, der emporsteigt, oder den, der hinabsteigt? Aufgrund meiner Erfahrung möchte ich Ihnen gleich sagen: wenn Sie zu Gott durch Heldentum und Tugend gelangen wollen, bleibt das Ihnen überlassen. Das ist Ihr gutes Recht; aber ich möchte Sie warnen, Sie werden dabei mit dem Kopf gegen die Wand rennen. Wenn Sie dagegen den Weg der Demut gehen wollen, dann müssen Sie es aufrichtig wollen, und dürfen keine Angst haben, in die Tiefen Ihres Elends hinabzusteigen." (Lafrance 9f) Die Spiritualität von unten beschäftigt sich mit der Frage, was wir tun sollen, wenn alles schief geht, wie wir mit den Scherben unseres Lebens umgehen und wie wir daraus etwas Neues formen können.

Die Spiritualtität von unten ist der Weg der Demut. Mit dem Wort Demut tun wir uns heute schwer. Drewermann hat die Demut, die Benedikt in seiner Regel als den spirituellen Weg des Mönches beschrieben, als typisches Beispiel für Fremdbestimmung gesehen. (Drewermann, 429) Doch wenn wir in die geistliche Literatur des Christentums und anderer Religionen schauen, so begegnen wir überall der Demut als der Grundhaltung echter Religiosität. Wir dürfen die Demut nicht als Tugend verstehen, die man selber erwerben kann, indem man sich „verdemütigt" und klein macht. Demut ist nicht in erster Linie eine soziale Tugend, sondern eine religiöse Grundhaltung. Das deutsche Wort für Demut weist uns da in eine falsche Richtung. Es wird von ahd diomuoti (mhd diemuot = dienende Gesinnung) abgeleitet und beschreibt das Verhalten andern Menschen gegenüber, die soziale Tugend des Dienens. Das lateinische Wort humilitas hat mit humus, mit Erde, zu tun. Humilitas ist also das Aussöhnen mit unserer Erdhaftigkeit, mit unserer Erdenschwere, mit unserer Triebwelt, mit unserem Schatten. Humilitas ist der Mut zur eigenen Wahrheit. Die Griechen unterscheiden zwischen tapeinosis, Erniedrigung, Armut, Elend, und tapeinophrosyne, die die Haltung der Armen beschreibt, die Haltung der Demut und geistlichen Armut. Die Demut bezeichnet unser Verhältnis zu Gott und ist eine religiöse Tugend. Die Demut ist für alle Religionen das Kriterium für eine echte Spiritualität. Und sie ist der Ort der Tiefe, an dem ich dem wirklichen Gott begegnen kann. Dort in der Tiefe erst kann das wahre Gebet erklingen.

Wir möchten in dieser Kleinschrift die beiden Pole der Spiritualität von unten beschreiben: den Weg zu unserem wahren Selbst und zu Gott durch den Hinabstieg in unsere Wirklichkeit auf der einen Seite und die Erfahrung der Ohnmacht und des Scheiterns als Ort des wahren Gebetes und als Chance, in eine neue persönliche Beziehung zu Gott zu gelangen. Die Spiritualität von unten beschreibt auf der einen Seite die therapeutischen Schritte, die der Mensch gehen muß, um zu seinem wahren Wesen zu gelangen. Auf der andern Seite ist sie der religiöse Weg, der über die

Erfahrung des Scheiterns zum Gebet, zum „Schrei aus der Tiefe", und zu einer tiefen Gottesbeziehung führt.

1. Spiritualität von oben

Es geht uns nicht darum, die Spiritualität von unten in totalen Gegensatz zu der von oben zu setzen. Einseitigkeit ist nie hilfreich. Und so gibt es auch eine gesunde Spannung dieser beiden spirituellen Ansätze. Die Spiritualität von oben stellt uns Ideale vor Augen, denen wir nacheifern und die wir letztlich erfüllen sollen. Ideale haben durchaus eine positive Wirkung auf den Menschen. Vor allem für Jugendliche sind Ideale lebensnotwendig. Denn ohne Ideale würden sie nur um sich selbst kreisen. Sie könnten gar nicht die Möglichkeiten entfalten, die in ihnen stecken. Und sie würden nicht mit ihrer Kraft in Berührung kommen, die geweckt werden möchte. Ideale locken junge Menschen aus sich heraus, so daß sie sich selbst überschreiten, überwinden und neue Möglichkeiten entdecken können. Ohne Ideale würden viele an ihren eigenen Möglichkeiten vorbei leben. Um wachsen zu können, brauche ich Vorbilder. Gestalt wächst an Gestalt. Heilige können für junge Menschen gute Vorbilder sein, die sie herausfordern und ansporn, an sich zu arbeiten und ihre eigentliche Berufung zu entdecken. Aber wir können die Heiligen nicht kopieren. Der Blick auf die Heiligen will uns kein schlechtes Gewissen machen, daß wir nicht so heilig sind, er will uns vielmehr dazu ermutigen, nicht zu klein von uns zu denken und unsere persönliche Berufung zu entdecken, das einmalige Bild zu erkennen, das Gott sich von jedem von uns gemacht hat.

Unser Abt hat unserer Gemeinschaft als Motto gegeben: „Du hast mehr Möglichkeiten als du denkst; ganz zu schweigen von den Möglichkeiten, die Gott mit dir hat." Die Ideale sind dazu da, die Möglichkeiten, die Gott uns geschenkt hat, in uns zu entdecken. Seit jeher ist die Jugend begeisterungsfähig. Sie braucht hohe Ideale, um sich begeistern zu können. Die Begeisterung ist eine Kraft, die sie über sich hinauswachsen und ihre Fähigkeiten trainieren und erweitern läßt. Wenn es keine Ideale mehr gibt, die die Begeisterung wecken, dann wird die Jugend krank. Dann braucht sie anderes, um sich am Leben zu fühlen, dann müssen sie gewaltsam etwas zertrümmern, um über sich hinauszuwachsen. Wenn die Begeisterung der Jugend mißbraucht wird, wie etwa im Dritten Reich, dann kann das zur Katastrophe werden. Insofern hat die Kirche eine große Chance, wenn sie die Ideale des Christentums, wie sie in der Bibel und den großen biblischen Gestalten, und wie sie in den Heiligen der Kirchengeschichte vorgelebt wurden, der Jugend glaubhaft verkündet. Wichtiger aber als das Verkünden ist das Vorleben. Wenn Jugendliche Vorbilder haben, dann kommt das innere Chaos in ihnen zur Ruhe, dann ordnen sich die verschiedenen Kräfte in ihnen um das Ideal, das ein vorbildlicher Mensch vorlebt. Vorbilder geben der Jugend Halt und Orientierung. Und sie bringen sie in Berührung mit ihrer eigenen Kraft, mit den Möglichkeiten, die Gott in ihnen angelegt hat.

Wir kommen also nicht ohne Spiritualität von oben aus. Sie hat eine positive Funktion, indem sie Leben in uns weckt. Krankmachend wirkt sie nur dann, wenn die Ideale den Kontakt mit unserer Wirklichkeit verlieren. Es gibt Menschen, die sich so hohe Ideale machen, daß sie sie nie erreichen können. Um aber nicht resigniert aufzugeben, verdrängen sie die eigene Wirklichkeit und identifizieren sich mit dem Ideal. Das aber führt zur Spaltung. Sie werden blind für die eigene Realität, z.B. für die Aggressivität, die in ihrer Frömmigkeit stecken kann. Die Spaltung führt einmal dazu, auf zwei Ebenen zu leben, die nichts mehr miteinander zu tun haben, zum andern zur Projektion der verdrängten Leidenschaften auf andere. Um das eigene Ideal aufrecht zu erhalten, verdrängt man seinen Schatten und projiziert ihn auf andere, über die man schimpft und sich entrüstet. Die Verdrängung des Bösen im eigenen Herzen führt zur Verteufelung anderer, die man im Namen Gottes oft recht brutal behandelt.

Die Spiritualität von oben steht meistens zu Beginn unseres geistlichen Weges. Aber irgendwann kommt bei jedem der Zeitpunkt, an dem er die Spiritualität von oben mit der von unten verbinden muß, damit er lebendig bleibt. Andernfalls gerät er in eine innere Spaltung und wird krank. Er muß seine eigene Realität ernst nehmen und sie mit den Idealen in Beziehung setzen. Nur so kann Verwandlung geschehen. Statt von biblischen Idealen sprechen wir dabei lieber von den Verheißungen Gottes. Gott zeigt uns in der Bibel, wozu wir fähig sind, wenn wir uns auf seinen Geist einlassen. Die Ideale der Bergpredigt sind z.B. solche Verheißungen. Wir können sie nur erfüllen, wenn wir existentiell erfahren haben, daß wir Söhne und Töchter Gottes sind. Dann führen sie uns zu einer Freiheit und Weite, die uns gut tun. Wenn wir jedoch in der Bergpredigt Ideale sehen, die wir unbedingt erfüllen müssen, dann führt das zu einer Spaltung, weil wir spüren, daß wir sie nicht immer erreichen. Die Bergpredigt beschreibt uns ein Verhalten, das der Erfahrung der Erlösung in Jesus Christus entspricht. Und so ist sie ein gutes Kriterium dafür, ob wir Gottes Barmherzigkeit in Jesus Christus verstanden haben oder nicht.

Die Gefahr einer Spiritualität von oben besteht darin, zu meinen, wir könnten zu Gott aus eigener Kraft gelangen. Lafrance beschreibt diese

15

„Holzwegvollkommenheit" so: „Die Menschen haben sich die Vollkommenheit allgemein als ein ständiges Wachsen oder als einen mehr oder weniger schwierigen Aufstieg, als Ergebnis menschlicher Anstrengungen vorgestellt. Deshalb arbeiten sie eine bestimmte Askese oder Gebetstechniken aus, die sie der Großmut der Menschen als Mittel anbieten, um die Stufen zur Vollkommenheit emporzusteigen. Wenn der Schüler dem geistlichen Führer von der Unmöglichkeit spricht, dieses Ziel zu erreichen, dann bekommt er oft den Satz zu hören: 'Man muß sich nur anstrengen.' Auf der letzten Stufe des Aufstiegs erblüht diese Anstrengung dann von selbst in Freiheit." (Lafrance 9) Doch wir können mit der eigenen Anstrengung Gott nicht erreichen. Das Paradox ist, daß uns aller Kampf nur dazu führt, einzugestehen, daß wir uns durch den Kampf allein nicht besser machen und nicht zu Gott gelangen können. Wir können aus uns nicht machen, was wir wollen. Irgendwann kommen wir an eine Grenze, an der wir nur eingestehen können, daß wir aus eigener Kraft notwendigerweise scheitern, daß allein Gottes Gnade uns verwandeln kann.

2. Begründung einer Spiritualität von unten

a) biblische Beispiele

Die Bibel stellt uns als Vorbilder des Glaubens nie perfekte und fehlerlose Menschen vor Augen, sondern gerade Menschen, die eine schwere Schuld auf sich geladen haben und aus der Tiefe heraus zu Gott geschrieen haben. Da ist Abraham, der in Ägypten seine Frau verleugnet und sie als Schwester ausgibt, damit er einen Vorteil hat. Das führt dazu, daß der Pharao Sarah in seinen Harem aufnimmt. Gott selbst muß eingreifen, um den Vater des Glaubens von seiner Lüge zu befreien. (Gen 12,10-20) Da ist Mose, der Befreier Israels aus Ägypten. Er ist ein Mörder. Er hat einen Ägypter im Zorn erschlagen. Er muß erst konfrontiert werden mit seiner Unbrauchbarkeit, die er im Bild des Dornbusches widergespiegelt sieht, um als Gescheiterter von Gott in Dienst genommen zu werden. Da ist David, der vorbildliche König Israels, Urbild aller weiteren Könige. Er lädt schwere Schuld auf sich, als er mit Batseba, der Frau des Urija, schläft. Als sie schwanger wird, ordnet er an, daß der Hetiter Urija in der Schlacht alleine gelassen und auf diese Weise getötet wird. Die Großen des AT mußten erst durch die Talsohle ihrer eigenen Schuld und Ohnmacht hindurch, um ihre Hoffnung allein auf Gott zu setzen und sich so von Gott umwandeln zu lassen zu Leitbildern des Glaubens und des Gehorsams Gott gegenüber.

Im NT erwählt Jesus gerade Simon Petrus zum Fels für seine Gemeinde. Petrus versteht Jesus nicht. Er möchte ihn abhalten von seinem Weg nach Jerusalem, in den sicheren Tod. Jesus nennt ihn einen Satan und gebietet ihm, von ihm zu weichen. (Mt 16,23) Petrus verleugnet schließlich Jesus bei seiner Gefangennahme. Er hatte noch auf dem Weg zum Ölberg feierlich beteuert: „Und wenn ich mit dir sterben müßte - ich werde dich nie verleugnen." (Mt 26,35) Er muß erst erleben, daß er für sich nicht garantieren kann, selbst wenn er es noch so feierlich verspricht. Als er Jesus schließlich verraten hat, ging er „hinaus und weinte bitterlich" (Mt 26,75). Die Evangelisten haben das Versagen des Petrus nicht beschönigt. Es war für sie offensichtlich wichtig, schonungslos zu bekennen, daß Jesus nicht fromme und zuverlässige Apostel ausgewählt hat, sondern gerade sündige und fehlerhafte Männer. Und doch hat er gerade auf diese Männer seine Kirche gegründet. Sie waren die geeigneten Zeugen für Gottes Barmherzigkeit, wie sie Jesus verkündet und mit seinem Tod bezeugt hat. Petrus ist gerade durch seine Schuld zum Fels für andere geworden. Denn er hat erfahren, daß nicht er der Fels ist, sondern allein der Glaube, an den er sich klammern muß, um in der Angefochtenheit treu zu Christus stehen zu können.

Paulus war als Pharisäer ein typischer Vertreter einer Spiritualität von oben. Er sagt von sich selbst: „In der Treue zum jüdischen Gesetz übertraf ich die meisten Altersgenossen in meinem Volk, und mit dem größten Eifer setzte ich mich für die Überlieferungen meiner Väter ein." (Gal 1,14). Er hat die Ideale der Pharisäer hochgehalten, er hat alle Gebote und Vorschriften genau befolgt, um so Gottes Willen zu erfüllen. Doch auf dem Weg nach Damaskus stürzt er zu Boden, da fällt sein ganzes Lebensgebäude zusammen. Auf dem Boden liegend wird er konfrontiert mit der Spiritualität von unten. Da ist er hilflos, ohnmächtig. Und er erfährt, daß Christus selbst an ihm handelt und ihn verwandelt. Seine Botschaft von der Rechtfertigung allein aus dem Glauben bezeugt diese Erfahrung. Sie drückt aus, daß wir nicht durch Tugend und Askese Gott erreichen können, sondern nur wenn wir die eigene Ohnmacht anerkennen. Dann allein bekommen wir ein Gespür für das, was Gnade ist. Paulus ist auch nach der Bekehrung nicht der völlig geheilte und verwandelte Mensch. Er leidet an einer Krankheit, die für ihn offensichtlich demütigend ist. Er sagt von sich: „Damit ich mich wegen der einzigartigen Offenbarungen nicht überhebe, wurde mir ein Stachel ins Fleisch gestoßen: ein Bote Satans, der mich mit Fäusten schlagen soll, damit ich mich nicht überhebe." (2 Kor 12,7) Die Krankheit hindert Paulus nicht, trotzdem die Frohe Botschaft zu verkünden. Das schwere Leiden, das Paulus zu tragen hat, „ist - nach der überwiegenden Auffassung der Auslegung - eine seine Kraft lähmende und ihn demütigende Krankheit" (Schelkle 206). Vielleicht ist es seine neurotische Struktur, die auch nach seiner Bekehrung bleibt, die Gott dazu benutzt, die Botschaft von der Erlösung und Befreiung neu zu formulieren. Paulus rühmt sich gerade seiner Schwachheit. Er weiß, daß Gottes Gnade ihm genügt. Die Erfahrung seiner offensichtlich peinlichen Krankheit macht ihn offen für die Gnade Gottes, auf die es allein ankommt. Wie kein anderer verkündet er die befreiende Erlösung in Jesus Christus. Deshalb hat Gott ihn auch davon nicht befreit. Vielmehr gab er ihm zur Antwort: „Meine Gnade genügt dir; denn sie erweist ihre Kraft in der Schwachheit." (2 Kor 12,9) Gottes Kraft wirkt desto stärker in uns, je schwächer die eigene Kraft ist. Unser Wunsch ist es, durch Gott stärker zu werden, vor den Menschen besser da zu stehen, moralisch besser zu werden durch das geistliche Leben. Doch das Paradox ist, daß wir ausgerechnet dort, wo wir schwach sind, wo wir uns nicht in der Hand haben, wo ein „Engel des Satans" uns bedrängt, am offensten sind für Gott und seine Gnade. Deshalb bejaht Paulus seine Ohnmacht und Schwäche. „Denn wenn ich schwach bin, dann bin ich stark." (2 Kor 12, 10) In seiner Schwäche ist er frei von der Versuchung, Gott aus eigener Kraft zu erreichen. Da ergibt er sich in Gott hinein und weiß sich von Gottes Gnade aufgerichtet und gehalten.

In Jesu Verhalten und in seiner Verkündigung begegnen wir immer wieder einer Spiritualität von unten. Jesus wendet sich bewußt den Zöllnern und Sündern zu, weil er spürt, daß sie offen sind für die Liebe Gottes. Die Gerechten kreisen dagegen in ihrem Vollkommenheitsstreben oft nur um sich selbst. Während Jesus den Sündern und Schwachen gegenüber barmherzig und sanft auftritt, verurteilt er die Pharisäer scharf. Die Pharisäer verkörpern die typische Spiritualität von oben. Sie haben durchaus gute Seiten und wollen Gott in ihrem ganzen Tun gefallen. Aber sie merken eben nicht, daß sie in ihrem Streben, alle Gebote zu halten, gar nicht Gott meinen, sondern sich selbst. Sie glauben, sie könnten aus eigener Kraft Gottes Gebote erfüllen. Es geht ihnen weniger um die Begegnung mit Gott als vielmehr um die Gerechtigkeit und die Erfüllung des Gesetzes. Auch wenn sie alles für Gott tun wollen, so brauchen sie trotzdem Gott nicht. Entscheidend ist ihnen die Erfüllung der Normen und der Ideale, die sie sich gesetzt haben. Vor lauter Fixierung auf die Gebote vergessen sie, was Gott eigentlich vom Menschen möchte. Jesus sagt es ihnen im Matthäusevangelium zweimal ausdrücklich: „Barmherzigkeit will ich, nicht Opfer." (Mt 9,13) In der Erzählung vom Pharisäer und Zöllner zeigt Jesus, daß er keine Spiritualität von oben, sondern eine von unten möchte, weil sie den Menschen für Gott öffnet. Das zerschlagene Herz, das verwundete und gebrochene Herz wird für Gott aufgebrochen. Der Zöllner, der seine eigene Sünde erkennt, der um die Unmöglichkeit weiß, das von ihm verübte Unrecht wiedergutmachen zu können, der in seiner Verzweiflung reumütig an die Brust klopft und Gott um Erbarmen bittet, er wird von Gott gerechtfertigt. (Lk 18,9-14)

Die Spiritualität von unten wird vor allem in den Gleichnissen Jesu deutlich. Im Gleichnis vom Schatz im Acker zeigt uns Jesus, daß wir den Schatz, das eigene Selbst, das Bild, das Gott sich von uns gemacht hat, gerade im Acker, in der Erde, im Schmutz, finden können. (Mt 13,44ff) Wir müssen uns erst die Hände schmutzig machen, wir müssen in die Erde hineingraben, wenn wir den Schatz in uns finden möchten. Das Gleichnis von der kostbaren Perle zeigt uns einen andern Aspekt der Spiritualität von unten. Die Perle ist ein Bild für Christus in uns. Die Perle wächst in den Wunden der Muschel. Wir finden daher den Schatz in uns nur, wenn wir mit unseren Wunden in Berührung kommen. Dabei ist die Wunde nicht nur der Ort, an dem wir mit dem eigenen Selbst in Berührung kommen. Dort, wo wir am Ende sind, wo uns nichts anderes übrig bleibt, als uns aufzugeben, dort kann die Beziehung zu Christus wachsen, dort können wir ahnen, daß wir ganz und gar auf Christus angewiesen sind. Dort wächst die Sehnsucht nach dem Erlöser und Heiland. Dort strecken wir uns aus nach dem, der unsere Wunden berührt und heilt. Christus, das wahre Selbst, ist die verlorene Drachme, die wir im Durcheinander unseres inneren Hauses verloren haben und nun suchen müssen. (Lk 15,8f) Wir können sie nur finden, wenn wir die Möbel zur

Seite rücken. Es nützt uns nichts, daß wir uns gut eingerichtet haben. Gott selbst wirft in einer Krise alles in uns durcheinander, damit wir die durch Unachtsamkeit verlorene Drachme wieder finden.

Ein anderes Gleichnis, mit dem Jesus die Spiritualität von unten begründet, ist das vom Unkraut unter dem Weizen. (Mt 13,24-30) Die Spiritualität von oben möchte gerne die Ideale erfüllen und sich immer mehr von allem Unkraut in der menschlichen Seele trennen. Das Ideal ist der reine und gerechte Mensch, der keine Fehler und Schwächen mehr hat, und die reine Kirche. Doch führt solche Sicht leicht zum Rigorismus. Man möchte mit aller Gewalt die Schwachen und Sünder aus der Kirche ausschließen. Matthäus hat dieses Gleichnis vermutlich gegen die Rigoristen in seiner Gemeinde gerichtet. Man kann es aber auch als Bild für den Umgang mit den eigenen Fehlern und Schwächen verstehen. Dann hindert es uns am Rigorismus uns selbst gegenüber, der gewaltsam gegen die eigenen Schwächen vorgeht. Jesus vergleicht unser Leben mit einem Acker, in den Gott den guten Samen gesät hat. In der Nacht aber geht der böse Feind hin und sät Unkraut unter den Weizen. Die Knechte, die den Herrn fragen, ob sie das Unkraut nicht gleich ausreißen sollen, stehen für den rigorosen Idealisten, der alle Fehler sofort ausradieren möchte. Doch der Herr gibt zur Antwort: „Nein, sonst reißt ihr zusammen mit dem Unkraut auch den Weizen aus. Laßt beides wachsen bis zur Ernte." (Mt 12,28f) Das Unkraut ist in den Wurzeln so sehr mit dem Weizen verbunden, daß mit dem Unkraut auch der Weizen ausgerissen würde. Wer fehlerlos sein will, reißt mit seiner Leidenschaft auch seine Lebendigkeit aus, der zerstört mit seiner Schwäche auch seine Stärke. Wer vor allem korrekt sein möchte, auf dessen Acker wird nur noch ein kümmerlicher Weizen wachsen. Viele Idealisten sind so sehr auf das Unkraut in ihrer Seele fixiert, sie kreisen ständig darum, ihre Fehler auszuradieren, daß das Leben darunter leidet. Vor lauter Korrektheit sind sie ohne Kraft, ohne Leidenschaft, ohne Herz. Unkraut, das könnte der Schatten sein, in den wir all das verdrängt haben, was uns unangenehm ist und was unseren Maßstäben nicht entspricht. Es ist einfach in uns. In der Nacht wurde es gesät, d.h. es ist in unserem Unbewußten. Wir können tagsüber noch so bewußt gegen alles Negative und Dunkle kämpfen, nachts geschieht es trotzdem, daß da Unkraut ausgesät wird. So müssen wir uns mit dem Unkraut aussöhnen, dann kann der Weizen auf dem Acker unseres Lebens wachsen. Am Ende, in unserem Tod, wird Gott dann schon den Weizen vom Unkraut trennen, da wird alles Unkraut in uns verbrannt. Aber vor der Zeit es zu verbrennen, steht uns nicht zu. Da würden wir auch ein Stück von unserem Leben mit vernichten.

In vielen Bildern zeigt uns Jesus, daß es gerade das Schwache und Arme ist, das er erwählt. Die Reichen, die mit ihrem Leben zurechtkommen, die sich alle Wünsche selbst erfüllen können, sie werden vom Hochzeitsmahl im Himmelreich ausgeschlossen. Die Armen, Krüppel, Lahmen und Blinden werden dagegen eingeladen (Vgl. Lk 14,12ff). Der reiche Prasser, „das Ego, das alles hat, was es will, und einer Hybris zum Opfer fällt, einer übertriebenen Vorstellung der eigenen Wichtigkeit" (Sanford 161), landet in der Hölle. Der arme Mann Lazarus steht für das Arme und Zurückgestoßene in uns, für das Verwundete und Gekränkte, für das Hungernde und Dürstende. Er kommt in den Himmel. Es ist gerade das Verlorene und Verdrängte, das Gott annimmt

(Gleichnis vom verlorenen Schaf, vom verlorenen Sohn). Denn dort, wo der Mensch nichts hat, ist er offen für das Geschenk der göttlichen Gnade. Jesus preist die Armen selig, die hungern und dürsten nach der Gerechtigkeit, die trauern, die nicht auf sich und ihre Kraft bauen können, sondern ganz und gar angewiesen sind auf Gottes Gnade. Sie erben das Reich Gottes, sie haben ein Gespür für Gottes Herrschaft in ihrem Herzen. Die Menschwerdung Gottes in Jesus Christus ist selbst schon ein Zeichen für die Spiritualität von unten. Jesus wird in einem Stall geboren, nicht in einem Palast. Nicht in der Hauptstadt, sondern in Bethlehem, in der Provinz, in dem Unbedeutenden in uns, will er geboren werden. C.G. Jung betont immer wieder, daß wir nur der Stall sind, in dem Gott geboren wird. Es ist in uns so schmutzig wie in einem Stall. Wir können Gott nichts vorweisen. Gerade dort, wo wir arm und schwach sind, will Gott in uns wohnen. Das gleiche Motiv finden wir in der Taufe Jesu. Der Himmel öffnet sich über Jesus, als er in den Fluten des Jordan steht. Das Wasser des Jordan ist erfüllt von der Schuld der Menschen, die Johannes dort getauft hat. Mitten in der Schuld der Menschen stehend, öffnet sich der Himmel und Gott spricht zu Jesus: „Du bist mein geliebter Sohn, an dir habe ich Gefallen gefunden." (Mk 1,11) So wird es auch bei uns sein. Erst wenn wir wie Jesus bereit sind, in die Fluten des Jordan hinabzusteigen, in der eigenen Schuld zu stehen, kann sich der Himmel über uns öffnen und Gott kann das Wort absoluter Daseinsberechtigung über uns sprechen: „Du bist mein geliebter Sohn, meine geliebte Tochter, an dir habe ich mein Wohlgefallen."

In seinem Tod am Kreuz steigt Jesus hinab in das Reich des Todes. Die frühe Kirche hat die Höllenfahrt Jesu, den descensus ad inferos, als Urbild der

Erlösung gesehen. Am Karsamstag gedenkt sie dieses Hinabstiegs in die Tiefen der Erde. In der Hölle, dort wo der Mensch am Ende ist, wo er von jeder Kommunikation ausgeschlossen ist, wo er nichts mehr tun kann, wo er einsam und isoliert ist, dort geschieht auch die Umkehr, dort nimmt Jesus die Menschen an der Hand und steigt mit ihnen zum Leben auf. Seit Origines ist der Abstieg in die Unterwelt ein Bild dafür geworden, daß Christus auch in das Schattenreich unserer Seele hinabgestiegen ist. Makarius der Große sagt: „Der Abgrund ist in deinem Herzen; die Hölle ist in deiner Seele." (Miller, 170) Der Abstieg Christi in das Schattenreich der Seele ist für die Kirchenväter ein heilendes Geschehen. Die Tiefe unserer Seele wird erleuchtet und alles Verdrängte von Christus berührt und zum Leben geweckt. Abstieg und Aufstieg sind Bilder, die in allen Religionen die Verwandlung des Menschen durch Gott beschreiben.

Mit den beiden Worten Hinabsteigen und Aufsteigen kann das Johannesevangelium das Geheimnis der Erlösung in Christus beschreiben: „Niemand ist in den Himmel hinaufgestiegen außer dem, der vom Himmel herabgestiegen ist: der Menschensohn." (Joh 3,13) Wenn wir mit Christus zum Vater aufsteigen wollen, müssen wir zuerst mit ihm hinabsteigen zur Erde, zum Irdischen, in unsere eigene Menschlichkeit. So sieht es auch der Epheserbrief, den die Liturgie am Fest Christi Himmelfahrt zur Deutung heranzieht: „Wenn er aber hinaufstieg, was bedeutet dies anderes, als daß er auch zur Erde herabstieg? Derselbe, der herabstieg, ist auch hinaufgestiegen bis zum höchsten Himmel, um das All zu beherrschen." (Eph 4,9f)

Der klassische Ausdruck dieser Spiritualität von unten ist der urchristliche Hymnus, den Paulus im Philipperbrief zitiert: „Er entäußerte sich und wurde wie ein Sklave und den Menschen gleich... Er erniedrigte sich und war gehorsam bis zum Tod, bis zum Tod am Kreuz. Darum hat ihn Gott über alle erhöht." (Phil 2,6-9) Im Abstieg in unser Menschsein und im Aufstieg über alle Himmel sahen die frühen Christen das Wesen der Erlösung. In immer neuen Bildern priesen sie Gottes Herabsteigen zu den Menschen, seine Erniedrigung zum Sklavendasein. Darin sahen sie den Ausdruck der göttlichen Liebe, wie sie vor Christus für unser Denken unvorstellbar war. Der Abstieg Christi, die Selbstentäußerung (kenosis), stellte alle unsere Begriffe von Gott und vom Menschen auf den Kopf. Und er wurde zugleich zum Vorbild für unser Leben. Paulus ermahnt uns zu einem Verhalten, wie es in Christi Abstieg dargestellt ist: „Seid untereinander so gesinnt, wie es dem Leben in Christus entspricht." (Phil 2,5)

b) Monastische Tradition

Für die frühen Mönche führte der Weg zu Gott über die Begegnung mit der eigenen Realität. Die Gottesbegegnung setzt die Selbstbegegnung voraus. Bevor daher der Mönch lernt, ohne Zerstreuung zu beten und in der Kontemplation mit Gott eins zu werden, muß er sich zuerst mit seinen Leidenschaften vertraut machen. Er muß zuerst in seine eigene Realität hinabsteigen, bevor er zu Gott aufsteigen kann. Das zeigt ein Väterspruch von Abbas Poimen. Da kam einmal zum Altvater Poimen, einem der bekannten Mönchsväter aus dem 4. Jahrhundert, ein anderer Einsiedler, der einen großen Namen in seiner Gegend hatte, um mit ihm zu reden. Ein Bruder, der ihn kannte, führte ihn zu Altvater Poimen: „Er nahm ihn mit, kam zum Greis und gab ihm Auskunft über seine Art, in dem er sagte: 'Er ist ein großer Mann und genießt in seiner Gegend großes Ansehen und viel Liebe. Ich erzählte ihm von dir, und nun ist er gekommen, mit dem Wunsche, dich zu sehen.' Er nahm ihn also mit Freuden auf, sie begrüßten einander und setzten sich. Der Fremde begann zu reden von der Schrift, von geistlichen und himmlischen Dingen. Da wandte Abbas Poimen sein Haupt ab und gab ihm keinerlei Antwort. Als der Einsiedler sah, daß er nicht mit ihm sprach, ging er betrübt davon und sagte zu dem Bruder, der ihn hergebracht hatte: 'Ich habe diese ganze Wanderung umsonst gemacht. Denn ich kam zu dem Greis, aber siehe, er will nicht mit mir reden!' Da ging der Bruder zum Altvater Poimen hinein und sagte: 'Vater, deinetwegen kam dieser große Mann, der in seiner Gegend ein so großes Ansehen besitzt. Warum hast du denn nicht mit ihm gesprochen?' Der Greis gab zur Antwort: 'Er wohnt in den Höhen und spricht Himmlisches, ich aber gehöre zu denen drunten und rede Irdisches. Wenn er von den Leidenschaften der Seele gesprochen hätte, dann hätte ich ihm wohl Antwort gegeben. Wenn er aber über Geistliches spricht, so verstehe ich das nicht.' Der Bruder ging nun hinaus und sagte zu dem Einsiedler: 'Der Greis redet nicht leicht von der Schrift, aber wenn jemand mit ihm von den Leidenschaften der Seele spricht, dann gibt er ihm Antwort.' Er besann sich und ging zu ihm hinein und sprach zu ihm: 'Was soll ich tun, wenn die Leidenschaften der Seele über mich Macht gewinnen?' Da achtete der Greis freudig auf ihn und sagte: 'Jetzt bist du richtig gekommen, nun öffne deinen Mund für diese Dinge, und ich werde ihn mit Gütern füllen.' Der aber hatte großen Nutzen und sagte: 'Wahrhaftig, das ist der rechte Weg!' Und mit Dank gegen Gott kehrte er in sein Land zurück, weil er gewürdigt worden war, mit einem solchen Heiligen zusammenzutreffen." (Apo 582)

Erst als sie ehrlich über sich und ihre Leidenschaften sprechen, gelangen sie zu Gott, dessen Geist sie miteinander verbindet. Mitten im Gespräch, das um die eigene Wirklichkeit kreist, wird auf einmal Gott zur unmittelbaren Erfahrung. Sie berühren miteinander Gott, weil sie in Berührung sind mit sich selbst. Poimen vertritt hier eine Spiritualität von unten. Er fängt bei den Leidenschaften, bei den Gefühlen und Bedürfnissen an. Sie müssen erst angeschaut werden, damit wir dem wirklichen Gott begegnen können. Sonst würden wir statt Gott nur den eigenen Projektionen begegnen. Der geistliche Weg zur Kontemplation und zum Einswerden mit Gott geht über die Auseinandersetzung mit den Gedanken und Leidenschaften.

Dabei ist gerade auch die Erfahrung der eigenen Sünde ein Weg, die Ohnmacht zu spüren, daß man sich selbst nicht besser machen kann. Das Weinen über die eigene Sünde ist für die frühen Mönche Ausdruck intensiver Gotteserfahrung. So sagt Isaak der Syrer: „Derjenige, der seine Sünden kennt, ist größer als der, der durch sein Gebet einen Toten erweckt... Derjenige, der eine Stunde lang über sich selbst stöhnt und seufzt, ist größer als der, welcher das Universum unterrichtet. Derjenige, der seine eigene Schwäche kennt, ist größer als der, der die Engel sieht... Derjenige, der einsam und zerknirscht Christus nachfolgt, ist größer als der, der sich der Gunst der Massen in den Kirchen erfreut." (Lafrance 11) Starez Siluan, der 1938 auf dem Berg Athos gestorben ist und dort in der Tradition des frühen Mönchtums als Heiliger gelebt hat, hört eines Nachts, als er vergeblich gegen die Dämonen kämpft, die Ant-

wort Gottes: „Die Stolzen leiden stets wegen der Dämonen. Herr, du bist barmherzig, sage ich, laß mich wissen, was ich tun soll, damit meine Seele demütig werde! Und der Herr antwortete meiner Seele: Halte dein Bewußtsein in der Hölle und verzweifle nicht." (Lafrance 51f) Siluan wurde dadurch in seinem Geist gereinigt und fand Ruhe. Was soll diese Übung, sein Bewußtsein in der Hölle zu halten und nicht zu verzweifeln. Hölle ist die absolute Trennung von Gott, die innere Zerrissenheit, die Verhärtung, die Leere. Die Hölle ist in jedem von uns. Wenn wir nicht vor ihr davonlaufen, sondern unser Bewußtsein in diesen Abgrund unserer Seele halten, ohne zu verzweifeln, können wir erahnen, daß Gott allein uns aus dieser Hölle zu befreien vermag, daß in der Tiefe die Umkehr aller Dinge geschieht, daß in der größten Not und Verlassenheit Christi Erlösung uns ergreift. Olivier Clément hat die Erfahrung von Starez Siluan am eigenen Leib erlebt. Ihm wurde klar, daß die Erlösung Christi bis in die Hölle hineindringt, wie es die Osterliturgie besingt: „Alles ist von heute an von Licht erfüllt, der Himmel, die Erde und selbst die Hölle." „Sich von der Hölle errettet wissen, in der Hölle errettet wissen, wissen, daß man nur die eine Wahl hat, der linke oder der rechte Schächer zu sein, immer aber ein Schächer ... das bedeutet, ein Eintreten in eine Verfassung äußerster Demut, ständiger Metanoia, das bedeutet die Umkehrung unseres Gefangenseins in der Welt, den Bruch mit der Vergötzung des eigenen Ich." (Clément 130)
Die Spiritualität von unten wird deutlich in dem Wort des Abbas Antonios: „Wenn du siehst, daß ein junger Mönch mit seinem eigenen Willen nach dem Himmel strebt, halte seine Füße fest, ziehe ihn nach unten, denn es hat für ihn keinen Nutzen." (Smolitsch 32) Gerade junge Menschen sind

in Gefahr, hohen Idealen zu folgen, extrem viel zu meditieren, um möglichst schnell spirituell zu werden. Dagegen protestiert Antonios. Gerade der Junge muß erst mit sich und seiner Realität in Berührung kommen, um zu Gott zu gelangen. Sonst wird er zum Überflieger, wie Ikarus, und muß jäh abstürzen, weil seine Flügel nur aus Wachs sind. Wir brauchen genügend Bodenhaftung, damit der Absprung zu Gott gelingen kann. John Wellwood, ein amerikanischer Meditationsforscher, spricht von „spiritual bypassing", von spiritueller Abkürzung. Er versteht darunter „den Versuch, grundlegende menschliche Bedürfnisse, Gefühle und Entwicklungsaufgaben zu verleugnen oder vorschnell zu transzendieren" (Wellwood 69) durch spirituelle Techniken und Übungen. Die Spiritualität von unten verlangt, daß ich mich auf meinem geistlichen Weg immer erst meiner eigenen Realität stelle, daß ich gerade auch meine Vitalität und Sexualität annehme. Sonst versuche ich, meine Schattenseiten zu überspringen und durch „spiritual bypassing" zu schnell zu Gott zu kommen. Es ist dann aber nicht der wirkliche Gott, sondern immer nur eine Projektion von Gott.

Von Isaak von Ninive wird das Wort überliefert: „Bestrebe dich, in die Schatzkammer, welche in deinem Inneren ist, einzugehen, so wirst du die himmlische sehen! Denn jene und diese ist eine und dieselbe. Durch ein Hineingehen wirst du beide schauen. Die Leiter zum Himmelreiche ist in dir verborgen in deiner Seele. Tauche von der Sünde hinweg in dich selbst unter, so wirst du dort Stiegen finden, auf welchen du hinaufsteigen kannst." (Bickell 302) Hier ist der Weg zu Gott ein Hinabsteigen in die eigene Wirklichkeit. Der Absprung in die eigene Tiefe geschieht von der Sünde aus. Gerade die Sünde kann mich zwingen, meine selbst konstruierten spirituellen Ideale zu verlassen und in die Abgründe meiner Seele zu springen. Dort begegne ich dem eigenen Herzen und zugleich Gott. Dort finde ich die Leiter, auf der ich zu Gott aufsteigen kann.

Spiritualität von unten wird auch sichtbar in dem Wort des Abtes Dorotheus von Gaza: „Dein Abfall, sagt der Prophet (Jer 2,19) wird dein Erzieher sein." (Dorotheus 41) Gerade der Abfall, das Versagen, die Sünde, können der Erzieher sein, der uns auf den Weg zu Gott führt. Dorotheus ist überzeugt, daß gerade Schwierigkeiten, die uns treffen, oder auch Versagen und Scheitern, ihren Sinn haben: „Gott wußte, daß es so für meine Seele gut sei, und darum kam es so. Denn unter allem, was Gott geschehen läßt, gibt es nichts Unzweckmäßiges; alles ist im Gegenteil überaus sinnvoll und zweckentsprechend. Man darf also bei noch so schwerem Ungemach den Mut nicht sinken lassen, denn alles ist ja der göttlichen Vorsehung unterworfen und dient ihren heiligen Absichten." (157f) Auch all die Vätersprüche über die Demut zeigen, daß die Spiritualität der frühen Mönche eine Spiritualität von unten war, die über die Begegnung mit der eigenen Realität, gerade auch mit Versagen und Scheitern, zu Gott führt.

c) Die Regel des hl. Benedikt

Der hl. Benedikt beschreibt die Spiritualität von unten im längsten Kapitel seiner Regel. Es ist das 7. Kapitel über die Demut. Vermutlich kommt dieses Kapitel nicht zufällig an siebter Stelle. Die Sieben bezeichnet die Verwandlung des Menschen durch Gott. So gibt es sieben Sakramente und sieben Gaben des Heiligen Geistes, die den

Menschen durchdringen und verwandeln. Oft haben sich die Mönche an diesem Kapitel gerieben. Demut klingt in unseren Ohren negativ. Die Tradition der Bibel und der Kirchenväter meint mit humilitas keine moralische oder soziale Tugend, sondern eine religiöse Haltung. Das Kapitel über die humilitas beschreibt daher nicht den Tugendweg des Mönches, sondern den spirituellen Weg, den inneren Weg, den Weg der menschlichen Reifung und den Weg der Kontemplation, den Weg wachsender Gotteserfahrung. Der Weg der humilitas führt über das Hinabsteigen in die eigene Erdhaftigkeit und Menschlichkeit zu Gott. Aufstieg durch Abstieg, das ist das Paradox der benediktinischen Spiritualität von unten.

Benedikt steht mit seinen Gedanken über die Demut in der Tradition der Kirchenväter und des frühen Mönchtums. Für Basilius besteht die Demut in der Devise „Erkenne dich selbst", für Origines ist die Demut die Tugend schlechthin, die alle anderen einschließt, ein kostbares Geschenk Christi an die Menschheit, sie „ist die eigentliche Kraftquelle des Christen" (RAC 756). Sie allein macht uns zur wahren Kontemplation fähig. Gregor von Nyssa meint, der Mensch könne Gott nur in seiner Demut nachahmen. Daher sei die Demut der Weg zur Angleichung an Gott. Johannes Chrysostomus sieht die Demut zusammen mit der Würde des Menschen und warnt vor falscher Selbsterniedrigung. Augustinus hat wohl am ausführlichsten die Demutslehre entfaltet. Für ihn ist die Demut die Anerkennung des eigenen Maßes und die ehrliche Selbsterkenntis. In der Demut erkennt der Mensch sein Maß, das ihm gesetzt ist, daß er ein Mensch ist und nicht Gott: „Gott ist Mensch geworden. Du, o Mensch, erkenne, daß du Mensch bist! Deine ganze Humilitas besteht darin, daß du dich erkennst." Unsere

Demut ist aber auch Nachahmung der Demut Christi, seiner Selbstentäußerung im Tod, die für uns Erlösung bewirkt. Die Demut Christi (seine humilitas) ist „in erster Linie Heilstat Gottes" (RAC 772). Daher ist die Demut nicht zuerst Tugend, sondern eine religiöse Haltung, die den Menschen mit Christus verbindet. Augustinus wagt sogar zu sagen, daß die Sünde mit Demut verbunden besser sei als die Tugend ohne Demut. Die Demut öffnet mich für Gott. Und gerade die Sünde kann mich zur Kapitulation zwingen. Ich kann für mich nicht garantieren. Ich habe keine Garantie, nicht zu sündigen. Ich bin ganz und gar auf Gott angewiesen. Die Tugend kann uns dazu verleiten, daß wir Gott mit eigener Kraft errei- chen können. Wer den Tugendweg zu Gott be- schreiten will, der stößt mit seinem Kopf an eine Wand. Er findet die Türe nicht, die zu Gott führt. Diese Türe ist die Demut, das Eingeständnis der eigenen Unfähigkeit, fromm und heilig zu wer- den.

Der Philosoph O.F. Bollnow bestätigt die benediktinische Sicht der Demut als einer religösen Haltung: „Die Demut bezieht sich überhaupt nicht auf das Verhältnis eines Menschen zu einem andern Menschen, dem gegenüber er sich überle- gen oder unterlegen fühlen kann, sondern nur auf das aller Vergleichbarkeit entzogene, grundsätz- lich andersartige Verhältnis des Menschen zur Gottheit, in dem dieser seine hoffnungslose Un- zulänglichkeit erfährt. Die Demut beruht hier auf dem Bewußtsein der menschlichen Endlichkeit, und zwar nicht nur in dem neutralen Sinn einer Beschränktheit aller seiner Kräfte, sondern in dem sehr viel tiefer greifenden Sinn seiner vollen Nichtigkeit." (Bollnow 131) Die Demut entspringt also einer Erfahrung Gottes, sie ist nicht etwas, das man sich durch Aszese erwerben kann, sondern etwas, das einen überkommt, wenn man Gott erfährt als den Geheimnisvollen und Unendlichen und sich selbst als den endlichen Menschen, als Geschöpf des göttlichen Schöpfers. Daher ist das Demutskapitel eine Beschreibung wachsender Gotteserfahrung und immer klarer werdender Selbsterkenntnis. Benedikt zeichnet hier den Weg nach, wie der Mönch Gott immer näher kommt und durch die liebende und heilende Nähe Gottes mehr und mehr verwandelt wird. Demut ist für Benedikt keine Tugend, die man erwerben kann, sondern eine Erfahrung, in die man hineinwächst. Demut ist für ihn die Voraussetzung für echte Gotteserfahrung. Und sie ist die Selbsterfahrung in der Gotteserfahrung. Je näher ich Gott komme, desto schmerzlicher geht mir die eigene Wahrheit auf. Und je mehr ich im Scheitern meine Wahrheit spüre, desto offener werde ich für Gott. Bernhard von Clairvaux definiert die Demut als verissima sui agnitio, als wahrheitsgetreue Anerkennung seiner selbst (Vgl. PL 182,942), die uns gerade in der Begegnung mit dem wahren Gott aufgeht.

Die Demut ist für Benedikt Nachahmung Christi, der sich selbst entäußert hat und uns Menschen gleich wurde (Phil 2,6ff). In der Demut wachsen wir in die Gesinnung Jesu hinein, der nicht an sich und seiner Gottheit festgehalten hat, sondern sich selbst erniedrigt hat und gehorsam bis zum Tod geworden ist. Demut ist für die Kirchenväter zugleich Voraussetzung für die Kontemplation, für den spirituellen Weg. Benedikt sieht in der Demut einen Übungsweg in die vollkommene Liebe, in das Einswerden mit Gott in der Kontemplation. Diese vollkommene Liebe (caritas) ist gekennzeichnet durch die Liebe zu Christus (amore Christi = die erosgetränkte Liebe zu Christus, die intime persönliche Beziehung zu ihm) und durch die Lust an den Tugenden (dilectatione virtutum), wobei die Tugend nicht moralisch gesehen wird, sondern als Kraft des Menschen, die ihm von Gott geschenkt wird. Die Demut führt den Menschen also zur Lust an seiner Lebendigkeit, an seiner Kraft, an seinem vom Geist Gottes geformten Leben. Das Ziel des Demutsweges ist also nicht die humiliatio, die Demütigung des Menschen, sondern seine Erhöhung, seine Verwandlung durch den Geist Gottes, der ihn ganz und gar durchdringt, und seine Lust an dieser neuen Qualität seines Lebens.

Wohl in keinem Kapitel hat Benedikt mehr Schriftstellen zitiert als im Kapitel über die Demut. Er möchte damit sagen, daß sich die Mönche in der Demut in die Grundhaltung der Bibel einüben, daß sie darin verwirklichen, was Gott uns in der Heiligen Schrift als Weg zum Leben geoffenbart hat. Er beginnt das Kapitel mit den Worten: „Laut ruft uns, Brüder, die Heilige Schrift zu: „Wer sich selbst erhöht, wird erniedrigt, wer sich aber selbst erniedrigt, wird erhöht werden." (Lk 12,14) Es geht Benedikt also in seinem Demutskapitel darum, das Wort Jesu zu erfüllen und in seine Gesinnung hineinzuwachsen. Dabei dürfen wir das Wort von der Selbsterniedrigung nicht moralisierend verstehen, als ob wir uns klein machen und klein von uns denken müßten. Es ist vielmehr psychologisch zu deuten: Wer sich mit hohen Idealen identifiziert, wer sich durch hohe Ideale selbst hochhebt, der wird unweigerlich mit seinen Schattenseiten konfrontiert, er wird gezwungen, sich seiner Menschlichkeit, seiner Erdhaftigkeit, seinem humus zu stellen. Er wird erniedrigt, er fällt auf die Nase, weil er sich zu hoch verstiegen hat. Fallträume zeigen uns oft, daß wir zu hoch hinaufgestiegen sind, daß wir abgehoben haben. Und so ein Traum, in dem ich immer tiefer falle, fordert mich dazu auf, hinabzusteigen, mich mit meiner Menschlichkeit auszusöhnen. Wer hinabsteigt, so sagt Jesus, der wird erhöht. Wer hinabsteigt in die eigene Wirklichkeit, in die Abgründe seines Unbewußten, in das Dunkel seines Schattens, in die Ohnmacht seines eigenen Strebens, wer in Berührung kommt mit seiner Menschlichkeit und Erdhaftigkeit, der steigt empor zu Gott, der erreicht den wirklichen Gott. Aufsteigen zu Gott ist das Ziel aller geistlichen Wege. Seit Plato drückt sich im Aufstieg zu Gott die Ursehnsucht der Menschen aus. Das Paradoxe einer Spiritualität von unten, wie sie Benedikt in seinem Demutskapitel beschreibt, ist nun, daß wir gerade durch Hinabsteigen in unsere menschliche Realität zu Gott aufsteigen.

Der Pharisäer, der alles Vertrauen auf sich und seine moralische Leistung setzt, wird von Gott erniedrigt. Denn er hat von Gott nichts verstanden. Er benützt Gott, um sein eigenes Selbstwertgefühl zu steigern. Es ist nicht Gott, sondern ein Götze, dem er dient. So muß er erst mit der eigenen Bedürftigkeit konfrontiert werden, bevor er sich in Gott hinein ergeben kann. Der Zöllner, der alles Vertrauen auf Gott setzt, der in seiner Demut sich selbst erkennt, liefert sich der Barmherzigkeit Gottes aus und wird daher von Gott aufgerichtet und erhöht. Er weiß, daß er sich selbst nicht besser machen, daß er für sich nicht garantieren kann. Er wirft sein ganzes Vertrauen auf Gott. Er allein kann ihn aufrichten, ihn recht und richtig machen.

Benedikt vergleicht den Weg der 12 Stufen der Demut mit der Leiter, die Jakob im Traum gesehen hat. Die Jakobsleiter, auf der die Engel auf und niedersteigen, war für die Kirchenväter ein Bild für die Kontemplation, in der sich der Himmel für uns öffnet. Augustinus nennt Christus selbst „scala nostra", unsere Leiter. Christus ist zu uns hinabgestiegen, damit wir durch ihn wie auf einer Leiter zu Gott hinaufsteigen. Die beiden Holme interpretieren die Kirchenväter entweder als das Alte und Neue Testament oder als das Doppelgebot der Gottes- und Nächstenliebe. Benedikt deutet die Holme als Leib und Seele. In unsern Leib und in unsere Seele hat Gott eine Leiter hineingestellt, auf der wir zu Gott aufsteigen, indem wir in der Demut zuerst hinabsteigen. Unser Weg zu Gott führt bei Benedikt über die Spannung von Leib und Seele. Es ist kein rein geistiger Weg, sondern ein Weg, der den Leib genauso ernst nimmt wie die Seele. Auf dem Weg zu Gott dürfen wir nichts überspringen. Da müssen wir Stufe für Stufe aufsteigen.

Jakob sieht die Leiter, auf der die Engel Gottes auf- und niedersteigen, im Traum. (Gen 28,10ff) Der Traum öffnet seinen Blick für die Gegenwart Gottes mitten in seinem Leben. Jakob ist gerade auf der Flucht. Es ist eine typische Situation für die Talsohle, für das Scheitern, für das Zunichtewerden der eigenen Pläne, in der sich ihm Gott im Traum zu erkennen gibt. Gott sagt ihm im Traum, daß der Ort, an dem er schläft, ein heiliger Ort ist. Und Gott verheißt ihm, mit ihm zu sein, alle Wege mit ihm zu gehen, bis er vollendet, was er ihm versprochen hat. Der Traum zeigt ihm das Ziel seines Weges, der ihn zunächst zur Enttäuschung bei Laban führen wird. Er hat eine kompensatorische Bedeutung. Nach außen hin ist alles trostlos und ohne Hoffnung. Doch Gott verwandelt im Traum die Situation. Er zeigt Jakob, daß dort, wo er am Ende ist, Gott alles in seine guten Hände nehmen kann. Und statt in der Flucht vor ihm davonzulaufen, läuft er direkt in Gott hinein. Der Stein, der ihm in der Wüste im Weg liegt, der Stolperstein, über den er stürzen könnte, er wird ihm zum Gedenkstein für Gottes Treue und Barmherzigkeit. Wenn wir die 12 Stufen der Demut bei Benedikt unter dem Bild der Jakobsleiter lesen, dann führen sie uns jeweils in eine Sackgasse, in der sich Gott uns zu erkennen gibt, in einen Engpaß, der uns für Gott aufbricht, dann sind sie wie Stolpersteine, die zu heiligen Altarsteinen werden, die Gottes Gegenwart anzeigen. Die 12 Stufen sind Stufen zur Kontemplation, Stufen des inneren Reifungsweges und Stufen zu Gott selbst. 12 ist die Zahl der Ganzheit, die nicht nur die Ganzwerdung des einzelnen meint, wie etwa die 10, sondern auch einer Gemeinschaft. Es sind 12 Stämme Israels und 12 Apostel. Durch den Stufenweg der Demut gelangt der Mönch zu seiner Vollendung, und zwar in der Gemeinschaft seiner Brüder, in der das Reich Gottes erfahrbar wird.

Eine Analyse der 12 Stufen soll einer eigenen Arbeit vorbehalten sein. Uns genügt hier, daß die benediktinische Spiritualität eine Spiritualität von unten ist, daß sie über das Hinabsteigen in die eigene Wirklichkeit zu Gott aufsteigt. Die 12 Stufen beschreiben die stufenweise Verwandlung des Menschen an, die Verwandlung seines Willens (Stufe 1-4), die Verwandlung der Gedanken und Gefühle (Stufe 5-8) und die Verwandlung seines Leibes (Stufe 9-12). Der ganze Mensch mit allem, was in ihm ist, muß in einen Engpaß kommen, um für Gott aufgebrochen zu werden. Alles, was in uns ist an Gefühlen, an Bedürfnissen, an Leidenschaften und Phantasievorstellungen, muß Gott hingehalten werden, damit er sie verwandelt. Verwandlung meint, daß unsere Gedanken und Gefühle für Gott offen werden, daß sie in ihrer letzten Konsequenz Gott meinen. Das Heilmittel für unsere Gedanken und Gefühle ist die Gegenwart Gottes. Alles, was wir denken und fühlen, geschieht vor dem gegenwärtigen Gott, vor dem Gott, der uns wohlwollend anschaut und der unsern Gedanken und Gefühlen auf den Grund schaut. Vor Gott und in Gott erkennen wir, daß wir uns in allen Gedanken und Gefühlen letztlich nach Gott sehnen als dem, der allein unsere Sehnsucht zu erfüllen vermag.

Benedikt verweist uns in der 1. Stufe der Demut auf die Beziehung zu Gott. Die Psychologen halten die Beziehungslosigkeit für die zentrale Krankheit unserer Zeit. Heilung und Verwandlung kann nur geschehen, wenn wir alles, was in uns ist, auf Gott beziehen, auf den liebenden Gott, der uns mit seinem liebenden Blick in die Wahrheit führt. Verwandlung des Willens auf der zweiten Stufe meint nicht, daß unser Wille gebrochen wird. Unser Eigenwille, unser Eigensinn, bezieht sich vielleicht auf unsere Grundstruktur, die jeder als Kind als Reaktion auf frühkindliche Wunden entwickelt. Diese Grundstruktur wird zu einem Überlebenstrick. Sie ist überlebensnotwendig. Aber sie verweigert andere Lebensimpulse. Verwandlung des Eigenwillens meint die Befreiung aus dieser engen Grundstruktur, damit neue Lebensimpulse sich entfalten können. Für Benedikt zielt die Verwandlung des Willens dahin, wie Christus im Feuer geläutert zu werden, um so immer mehr in die Gesinnung Jesu hineinzuwachsen und die Forderungen Jesu in der Bergpredigt erfüllen zu können. (4. Stufe)

Die Verwandlung unserer Gefühle geschieht über das Sprechen. Indem wir dem geistlichen Vater offenbaren, welche Gedanken und Gefühle uns bewegen, klärt sich unser Denken und Fühlen. Nicht Verdrängen und Unterdrücken, sondern Aussprechen und Besprechen mit einem erfahrenen Bruder verwandelt meine Gefühle. Wenn ich sie ausspreche, halten sie mich nicht von Gott ab, sondern offenbaren meine tiefste Sehnsucht. (5.Stufe) Ein anderer Weg der Verwandlung geht über die Konfrontation mit der eigenen Realität. Ich weiche meiner Schwäche und Ohnmacht nicht aus, sondern söhne mich aus mit meiner Lustlosigkeit und Leere und halte sie vor Gott, indem ich mit dem Psalmisten bete: „Wie ein Lasttier bin ich vor dir geworden und bin doch immer bei dir." (Ps 73,23) Indem ich darauf verzichte, mich interessant zu machen, mich für etwas Besonderes zu halten und mich in den Mittelpunkt zu stellen, muß ich meiner Wahrheit ins Gesicht sehen. Ich kann mir nicht ausweichen. Daher geht es Benedikt in der 6. und 8. Stufe nicht um ein bequemes Anpassen, sondern um die Konfrontation mit der inneren Wahrheit. In der 7. Stufe söhne ich mich aus mit meinem Scheitern, da entdecke ich, daß ich gerade durch peinliches Versagen oder sogar durch Schuld für Gott aufgebrochen werde, daß ich gerade so auf den richtigen Weg finde. Mit dem Psalmisten kann ich dann bekennen: „Es ist gut für mich, daß du mich gebeugt hast, damit ich deine Gebote lerne." (Ps 119,71.73)

Verwandlung des Leibes zeigt sich für Benedikt einmal in den Gebärden, in der Haltung des Leibes. Im Leib können wir ausdrücken, ob wir für Gott offen sind oder in uns selbst verfangen, ob wir an uns selbst festhalten oder ob wir uns in Gott hinein loslassen, ob wir für Gott durchlässig sind oder verschlossen, nur an uns selbst gebunden. Verwandlung des Leibes bezieht sich auf unser Sprechen, auf unsere Stimme. (10. Stufe) Unsere Stimme sagt uns, ob unsere Beziehung zu Gott stimmt, ob wir durchlässig sind für Gott oder nur uns selbst zum Tönen bringen. Verwandlung des Leibes schließt auch unser Lachen ein. (11. Stufe) Es gibt ein Lachen der Befreiung, ein fröhliches Lachen, ein Lachen der Erlösten. Und es gibt das zynische Lachen, in dem wir uns über alles erheben, in dem wir ehrfurchtslos mit der Realität umgehen, in dem uns nichts mehr heilig ist. Dagegen setzt Benedikt die Achtsamkeit auf die Gegenwart Gottes, die uns heilt und befreit. Die Achtsamkeit äußert sich in meiner Körperhaltung, in meinen Gesten, etwa in der Langsamkeit meiner Bewegung. Gottes Gegenwart will sich bis in meinen Leib hinein ausdrükken. (12. Stufe) In der Verwandlung des Leibes, der Gebärden, der Stimme, des Lachens, vollendet sich der Wandlungsweg der Demut. Da zeigt sich, daß der ganze Mensch, mit Leib und Seele, durchdrungen ist von Gottes Geist und durchlässig für Gottes Liebe.

Das Ziel des inneren Weges, wie ihn Benedikt in seinem Demutskapitel beschreibt, ist die vollkommene Liebe, die alle Furcht vertreibt. Der Weg zur Reinheit des Herzens und zur vollkommenen Liebe führt über das Hinabsteigen in die eigene Realität der Gedanken und Gefühle, der Leidenschaften und Triebe, des Leibes und des Unbewußten. Benedikts Spiritualität beginnt unten, bei der Wirklichkeit des Menschen, bei seinen Bedürfnissen, bei seinen Wunden und Verletzungen, bei den Widerwärtigkeiten des Alltags, und führt über das Hinabsteigen empor zu Gott, empor zur vollkommenen Liebe. Die caritas perfecta bewirkt, daß wir nicht mehr aus Furcht leben, nicht mehr fremdbestimmt, nicht mehr von den Erwartungen der Menschen oder von den Forderungen des eigenen Überichs, sondern mühelos und im Einklang mit unserem wahren Wesen. Die Liebe wird zu unserer zweiten Natur. Sie macht unser Herz rein, so daß es Gott schauen kann. Benedikt beschreibt die vollkommene Liebe mit drei Ausdrücken: Amor Christi meint die erosgetränkte und zärtliche Liebe zu Christus, die persönliche Beziehung zu ihm, aus der heraus der Mönch nun lebt. Die consuetudo ipsa bona, die gute Gewohnheit, bedeutet, daß das Halten der Gebote nicht mehr von außen her geschieht, sondern von innen her, daß der Mönch so zusammenwächst (con-suetudo) mit dem Willen Gottes, daß er von innen heraus richtig lebt und das tut, was Gott von ihm will, was seinem wahren Wesen entspricht. Die dilectatio virtutum, die Freude an den Tugenden, beschreibt die Lust an der eigenen Kraft, die uns von Gott her geschenkt wird. Es ist unsere verwandelte Natur, die dem Bild Gottes von uns entspricht. Sie wird bewirkt durch den Heiligen Geist. Der Heilige Geist führt uns zur Schau Gottes in der Liebe. Er begleitet uns beim Hinabsteigen in unsere Menschlichkeit, in unsere Erdhaftigkeit, um alles von Grund auf zu verwandeln und zur Schau Gottes zu bereiten.

d) Psychologische Aspekte einer Spiritualität von unten

C.G. Jung weist uns immer wieder darauf hin, daß der Weg der Menschwerdung über den Hinabstieg in die Unterwelt, in das Unbewußte, geht. Er zitiert selbst einmal Eph 4,9: „Wenn er aber hinaufstieg, was bedeutet dies anderes, als daß er auch zur Erde herabstieg?" und meint, daß die Psychologie, über die viele Christen schimpfen, genau dasselbe wolle. Man malt „die Psychologie so schwarz wie nur möglich, weil sie - ganz in Übereinstimmung mit dem christlichen Symbol - lehrt, daß niemand emporsteigen kann, der nicht hinabgestiegen ist." (Band 18 II,733) Jung weist darauf hin, daß Christus als der große Erneuerer mit den Verbrechern hingerichtet wurde. Wir können das Neue seiner Botschaft in uns nur integrieren, wenn wir bereit sind, wie er uns unter die Verbrecher rechnen zu lassen, wenn wir uns mit den Verbrechern in uns aussöhnen. Der Weg zu Gott führt nach Jung über den Abstieg in die eigene Dunkelheit, in das Unbewußte, in das Schattenreich des Hades. Von dort her kann das Selbst reich beschenkt wieder auftauchen, so wie Goldmarie im Märchen „Frau Holle" in den Brunnen fällt, in der Unterwelt das Gold findet und mit neuem Reichtum wieder in die obere Welt zurückkehrt. Es ist ein Lebensgesetz für Jung, daß wir zu unserem Selbst und zu Gott nur finden, wenn wir den Mut finden, hinabzusteigen in unsern Schatten und in die Dunkelheit des Unbewußten.

Jung spricht von der Inflation der Stolzen, die sich aufblähen mit hohen Idealen, die sich mit arche- *Urbild* typischen Bildern identifizieren, z.B. mit dem Bild des Märtyrers, des Propheten, des Heiligen. Die Identifizierung mit einem archetypischen Bild macht uns blind für die eigene Realität. Demut ist für Jung der Mut, den eigenen Schatten anzuschauen. Die Selbsterkenntnis hat die Demut bitter nötig. Ohne Demut würde der Mensch seine unangenehmen Seiten verdrängen. Nur das Eingeständnis der eigenen Schwächen kann uns vor den Verdrängungsmechanismen schützen, mit denen wir den Schatten ausschließen. Demut ist nach Jung auch verlangt im Verhältnis zum Unbewußten. Wer das Unbewußte an sich reißen will, verfällt ihm in der Inflation. Oft genug kann der Stolze, der sich mit archetpyischen Bildern identifiziert hat, nur dadurch geheilt werden, daß er auf die Nase fällt, daß er eine moralische Niederlage erleidet und in die Sünde gerät.

Die Demut ist für Jung auch die Voraussetzung, daß wir zu andern Menschen Vertrauen entwikkeln können. Der Stolz dagegen isoliert uns und schließt uns von der menschlichen Gemeinschaft aus: „Es scheint eine natürliche Sünde zu sein, seinen Minderwert zu verbergen, ebensosehr wie seine Minderwertigkeit ausschließlich zu leben. Es scheint eine Art von Menschheitsgewissen zu geben, das jeden empfindlich bestraft, der nicht irgendwo und irgendwann den Tugendstolz seiner Selbstbehaltung und Selbstbehauptung aufgibt und das Bekenntnis seiner fehlbaren Menschlichkeit ablegt. Ohne dieses trennt ihn eine undurchdringliche Mauer vom lebendigen Gefühl, Mensch unter Menschen zu sein." (Jung Bd 16, 63) Gemeinschaft mit andern Menschen kann ich nur erleben, wenn ich bereit bin, mich mit meinen Fehlern und Schwächen anzunehmen. Solange ich meine Schwächen verbergen muß, kann ich mit andern nur an der Oberfläche Kontakt aufnehmen. Aber mein Herz kommt nicht in Berührung mit dem andern. So ist Demut für Jung eine wesentliche Voraussetzung für menschliche Gemeinschaft. Einem Bittsteller, der unbedingt mit ihm sprechen will, schreibt er: „Wenn Sie einsam sind, so liegt das daran, daß Sie sich isolieren. Sind Sie bescheiden genug, dann bleiben Sie niemals einsam. Nichts isoliert uns mehr als Macht und Prestige. Versuchen Sie, herabzusteigen und Bescheidenheit zu lernen, und Sie werden nie allein sein!" (Jung, Briefe III 93)

Medard Boss, ein anderer Schweizer Psychologe, bestätigt den Weg zu Gott als einen Weg in die eigene Tiefe: „Meine eigene Erfahrung, die sich mit der anderer Psychotherapeuten deckt, zeigt, daß unsere Patienten, wenn sie zur Erfahrung des Göttlichen gelangen wollen, auch die Erfahrung des Sinnlichen, und zwar des leibhaft Sinnlichen, durchgemacht haben müssen. In der Tat sehe ich bei meinen Kranken und auch bei meinen vielen gesunden Schülern, die eine Lehranalyse bei mir durchmachen, daß dann, wenn sie sich einlassen in einer bisher für sie nicht gekannten Weise in den Bereich des Sinnlichen, Kreatürlichen, Animalen, und zwar in einer ganz konkreten Weise bis hinunter zu Schmutz und Kot, ihnen plötzlich auch etwas ganz anderes aufgeht. Es ist die Gegenwelt des Geistigen, des religiösen Bezuges, die ihnen dann aufgeht, und zwar ohne irgendeinen Eingriff von meiner Seite. Wenn das Geistige, Himmlische, das Religiöse an sie herangetragen würde, bevor sie sich in das Kreatürliche, Irdische eingelassen haben, dann gäbe es eine artifizielle, eine übersteigerte Religiosität, die nicht auf festem Boden steht." (Bitter 189) Und Boss erzählt dann von katholischen Patienten, die Angst vor sexuellen Phantasien im Traum haben, weil sie von ihrer Erziehung her die Sexualität ausgeklammert haben. Der Reifungsweg führt aber nur dann zum eigentlichen Selbst und zu Gott, wenn einer bereit ist, auch in seine Sexualität hinabzusteigen. „Wenn katholische Menschen zu mir in Behandlung kommen, wenn solche Bereiche des Sinnlichen, des Schmutzigen, des Analen, des Sexuellen aufgehen in ihnen, sei es in Träumen, sei es in Wachphantasien, sei es in Einfällen, Zeichnungen usw., dann bekommen sie Angst, dann fühlen sie sich sündig, und dann bringen sie mich und bringen sie sich selbst in die größten Gewissenskonflikte. Ich meinerseits weiß, wenn ich das nicht zulasse bei meinen Patienten, kommen sie nicht hindurch und darüber hinaus nicht zur Aneignung ihres ganzen und echten Menschenwesens, einschließlich der Triebhaftigkeit, und damit zu einer Vermenschlichung auch dieser Sphäre." (Ebd 189)

Roberto Assagioli, der Begründer der Psychosynthese, spricht von dem Schema von Abstieg und Aufstieg, das für den Weg menschlicher Selbstwerdung charakteristisch ist. Er sieht dieses Schema schon in Dantes Göttlicher Komödie meisterhaft dargestellt: „Die zentrale symbolische Bedeutung der Göttlichen Komödie ist ein wundervolles Bild einer vollständigen Psychosynthese. Der erste Teil – die Pilgerfahrt durch die Hölle – steht für die analytische Untersuchung des tieferen Unbewußten. Der zweite Teil – der Aufstieg auf den Berg des Purgatoriums – beschreibt den Prozeß der moralischen Reinigung und des allmählichen Ansteigens der Bewußtseinsebene durch Verwendung aktiver Techniken. Der dritte Teil – der Besuch im Paradies oder Himmel – schildert in unübertroffener Weise die verschiedenen Stadien überbewußter Verwirklichung bis hin zur abschließenden Vision des Universalen Geistes, von Gott selbst, in dem Liebe und Wille verschmelzen." (Assagioli 238f) Der Weg zu Gott führt über den Abstieg in die Hölle. Dort begegnet der Mensch oft bedrohlichen Aspekten seines Unbewußten, Bildern, die mit Elternfiguren zu tun haben können. Assagioli lädt seine Patienten ein, die Schritte der Göttlichen Komödie nachzuvollziehen, abzusteigen in die Hölle, aber dann auch aufzusteigen durch das Purgatorium bis hinein in das Paradies. Für ihn kann in solcher Übung Verwandlung geschehen.

Der Psychoanalytiker Albert Görres interpretiert das Wort des Tertullian: „caro cardo salutis, das Fleisch als Türangel des Heils" und meint, daß uns das Fleisch immer wieder zwingt, demütig unser Menschsein anzuerkennen. Die Spiritualität von unten nimmt ernst, daß wir Menschen keine Engel sind, sondern im Fleisch geboren werden, und daß Gott in Jesus Christus selbst

1.) Aufbau eines Ganzen in seinen Teilen

46

Fleisch geworden ist. Gerade das Fleisch als Ausgeliefertsein an unsere Affekte und Leidenschaften ist die Angel des Heils. „Ohne diese Angel keine Umkehr. Der Ungeduldige, der Ärgerliche, der Unzufriedene, der Gierige, sie empfangen in diesen ihren Affekten die präzise Quittung, den Meßwert, an dem ihr Ungenügen, ihre Undankbarkeit, ihre falschen Ansprüche sich ablesen lassen wie das Fieber des Kranken am Thermometer. Aber eben diese heillosen und zugleich heilenden Affekte geben in jedem Auftreten die Chance, an ihnen Katharsis [1] und Richtungsänderung anzusetzen." (Görres 21f) Der Leib „lehrt die meisten von uns, daß wir kleine Leute sind und nicht große Herren. Er bewahrt uns davor, uns für Götter zu halten, und mit Gott zu verwechseln. Unsere schlechthinnige Abhängigkeit von Wesen, über die wir nicht verfügen, von anderem und anderen, unsere radikale Nicht-Autarkie [2] bewahrt uns vor der Illusion gottähnlicher Selbstgenügsamkeit, einer Täuschung des Hochmuts, der zwar Engel, aber nur wenige Menschen für kurze Zeit erliegen, zum Beispiel Diktatoren, [3] Fakire und Professoren. Hunger und Durst, Bedürfnisse und Wünsche versichern uns in jeder Sekunde, daß wir nicht Gott sind." (22) „Die Schwäche des Menschen läßt zum Glück selbst seine Bosheit eher schwächlich bleiben. Unser leibliches Elend befestigt uns am Himmel: cardo salutis." (23) Die Spiritualität von oben will oft am Leib vorbei zu Gott kommen. Ihr ist es peinlich, daß der Leib „den Geist in die demütigenden Trivialitäten des Dienstes am Stoff und am Stoffwechsel" (11) zwingt. Am liebsten würde sie sich wie die Engel über alles Fleisch erheben. Doch unser Weg zu Gott führt über das Fleisch: caro cardo salutis.

Graf Dürckheim, der sich der Jungschen Psycho-

1.) seelische Reinigung   3. Gaukler   47
2.) Selbstgenügsamkeit

logie verpflichtet weiß, spricht vom Weg des Mündigwerdens als von einem Weg wachsender Seinserfahrung. Dieser Weg führt auch nach Dürckheim über den Mut, in die eigene Dunkelheit, Einsamkeit und Traurigkeit hinabzusteigen. Das Ziel des Reifungsweges ist, daß das Bild Gottes in einem hervortritt, daß der Mensch mit seinem wahren Wesen in Berührung kommt. Es ist ein Wandlungsweg, in dem das „Inbild" des Menschen immer mehr hervortritt. Dürckheim meint nun, daß der Mensch Seinserfahrungen gerade in Stunden größter Not machen kann: „Es sind Stunden, in denen wir an die Grenze unserer menschlichen Macht und Weisheit gelangten, scheiterten, dann aber fähig waren, uns zu unterwerfen. Und im Augenblick des Loslassens und Eingehens des alten Ichs und seiner Welt verspürten wir in uns das Aufgehen einer anderen Wirklichkeit. So mancher hat es erfahren, wenn der Tod ganz nah war, in Bombennächten, in schwerer Krankheit oder anderen Weisen drohender Vernichtung, wie gerade in dem Augenblick, in dem die Angst ihren Höhepunkt erreichte und die innere Abwehr zusammenbrach, wenn er sich jetzt unterwarf und die Situation annahm .., schlagartig ganz ruhig wurde, unversehens ohne Angst war und spürte, daß etwas in ihm lebendig ist, an das kein Tod und keine Vernichtung herankommt. Für einen Moment wußte er dann: 'Wenn ich hier wieder herauskomme, dann weiß ich ein für allemal, von woher und auf was hin ich zu leben habe.' Der Mensch weiß nicht, was es ist, aber er fühlt sich plötzlich in einer anderen Kraft." (Dürckheim 20) Ähnliche Seinserfahrungen kann der Mensch machen, wenn er die Sinnlosigkeit, die Verzweiflung spürt, wenn ihm Unrecht geschieht. „Hier nun hat es mancher erfahren, daß in dem Augenblick, in dem er nachgab, sich selbst hingab und also das Unannehmbare annahm, ihn plötzlich das Sein, nun aber als ein tieferer Sinn, erfüllte. Mit einem Male fühlt sich der Mensch in eine unbegreifbare Ordnung gestellt. Klarheit durchleuchtet ihn." (Ebd 20f) Auch wenn sich ein Mensch seiner Einsamkeit stellt, die Traurigkeit aushält, die ihn überfällt, „dann kann er sich plötzlich aufgefangen fühlen und von einer Liebe umfangen und geborgen, von der er nicht sagen könnte, wer ihn liebt oder wen er liebt. Er steht eben einfach, wie vordem in der Kraft und in der Klarheit, nun 'in der Liebe' und dabei jedesmal auch in einem Zustand, der ihn zum lebendigen Zeugen eines alle seine bisherigen Daseinsvoraussetzungen übergreifenden Seins macht." (Ebd 21) Für Dürckheim geht der Weg zu Gott also oft über die Erfahrung der eigenen Not, der Bedrohung durch fremde Mächte, der Verzweiflung, der Ungerechtigkeit, der Einsamkeit und der Traurigkeit. Indem sich der Mensch in diese dunklen Erfahrungen hineinwagt, verwandelt sich das Gefühl und auf dem Grund der Not zeigt sich der tragende und befreiende, der liebende und erleuchtende Gott.

e) Spiritualität von unten in den Märchen

Ein schönes Beispiel für die Spiritualität von unten ist das Märchen von den drei Sprachen. „Darin wird der Held, ein Dummling, vom Vater in die weite Welt hinausgeschickt, etwas Rechtes zu lernen. Dreimal nacheinander kommt er wieder nach Hause und gibt auf die Frage des Vaters, was er denn nun gelernt habe, das erste Mal zur Antwort: 'Vater, ich habe gelernt, was die Hunde bellen', das zweite Mal: 'Was die Vögli sprechen', das dritte mal: 'Was die Frösche quaken', worauf ihn der Vater, der als Verkörperung der rein rationalen Einstellung mit solcher Kunst nichts anzufangen weiß, in höchstem Zorn verstößt." (Laiblin 295f) Er geht auf Wanderschaft und kommt in eine Burg, in der er übernachten möchte. Der Burgherr kann ihm aber nur den Turm zur Verfügung stellen, in dem wilde bellende Hunde hausen, die schon manchen verschlungen haben. Er hat aber keine Angst, nimmt etwas zum Essen mit und wagt sich in den Turm hinein. Er spricht wohlwollend mit den bellenden Hunden. Und sie verraten ihm, daß sie nur deshalb so wild sind, weil sie einen Schatz hüten. Und sie zeigen ihm den Weg zum Schatz und helfen ihm dabei, ihn auszugraben. Der Weg zu meinem Schatz geht also über den Dialog mit den bellenden Hunden, mit meinen Leidenschaften, mit meinen Problemen, mit meinen Ängsten, mit meinen Wunden, mit all dem, was in mir bellt und meine Energie verschlingt. Eine Spiritualität von oben würde die Hunde in den Turm einsperren und daneben ein Gebäude von Idealen errichten. Doch dabei müßte man ständig Angst haben, daß die Hunde nicht doch noch ausbrechen und einen verschlingen könnten. Dann ist die Angst vor den lauernden Begierden und ständigen Versuchungen kennzeichnend für den Frommen. Vor allem aber sperrt man sich dann selbst vom Leben aus. Alles, was wir unterdrücken oder verdrängen, fehlt uns an unserer Lebendigkeit. Die bellenden Hunde sind voller Kraft. Wenn wir sie einsperren, fehlt uns ihre Kraft, die wir für unseren Weg zu Gott und zu uns selbst brauchen. Der Turm ist ein Bild menschlicher Selbstwerdung. Er wurzelt tief in der Erde und ragt bis in den Himmel. Er ist rund, ein Bild der Ganzheit. Wenn wir vor lauter Idealismus unsere bellenden Hunde einsperren, leben wir in ständiger Spannung vor ihrem Ausbruch.

Wir müssen vor uns davonlaufen, wir haben Angst, in uns hineinzuschauen. Da könnten wir ja diesen gefährlichen Hunden begegnen. Je mehr wir die Hunde einsperren, desto gefährlicher werden sie uns. Es geht also darum, sich in den Turm hineinzuwagen, hineinzusteigen und gut und freundlich mit den bellenden Hunden zu reden. Dann werden sie mir verraten, welchen Schatz sie hüten. Schatz, das kann eine neue Lebendigkeit und Echtheit sein, das kann das wahre Selbst sein, das Bild, das Gott sich von mir gemacht hat.

Ein anderes Märchen, das uns einen Aspekt der Spiritualität von unten zeigt, ist das bekannte Märchen „Frau Holle". Goldmarie ist ein armes Mädchen, das von seiner Stiefmutter arg geplagt und gepeinigt wird: „Das arme Mädchen mußte sich täglich auf die große Straße bei einem Brunnen setzen und so viel spinnen, daß ihm das Blut aus den Fingern sprang." Als sie die blutbesudelte Spule im Brunnen abwaschen will, fällt sie hinein. In ihrer Verzweiflung springt sie in den Brunnen. Dort aber begegnet sie der mütterlichen Welt von Frau Holle. Dort wird ihr auf einmal die Fülle des Lebens zuteil. Laiblin, der dieses Märchen tiefenpsychologisch deutet, meint, es sei eine Bestätigung des chinesischen Spruches: „Wer oben bedrängt wird, wendet sich sicher nach unten." (Laiblin 280) Wenn wir in unserem Leben in eine aussichtslose Not kommen, kann es helfen, wenn wir uns einfach loslassen und Gott anvertrauen. Dort wo unser eigenes Bemühen an eine Grenze kommt, wo wir mit allem guten Willen doch immer nur in größere Drangsal kommen, wäre es kein guter Weg, sich einfach anzupassen und zu resignieren. Der Sprung in den Brunnen, in die Tiefe, ist dort die Chance, in neue Bereiche vorzustoßen, das Reich der Seele kennen zu lernen, in dem wir mit dem Goldregen unserer göttlichen

Würde beschenkt werden. Es ist zugleich das Reich des mütterlichen Gottes. Frau Holle steht ja für die germanische Göttin Hulda. Sie ist ein Symbol für den mütterlichen Gott, in dessen gute Hände wir fallen, wenn wir in den Brunnen springen. Für Drewermann steht die Stiefmutter der Goldmarie für die „Frau Welt", während Frau Holle für die innere Welt Gottes steht, in die wir gelangen, wenn wir uns wie Goldmarie in die Tiefe wagen. Auf dem Grund des Brunnens angelangt entdeckt Goldmarie die Innenseite der Dinge, da erlebt sie die Welt als blumenübersäte Wiese, da spürt sie, daß alle Dinge von ihrem Wesen her gut sind, daß sie davon reich beschenkt wird. (Vgl. Drewermann, Frau Holle) Gerade Grenzsituationen können für uns eine Chance sein, tiefer in das Geheimnis der Welt und unserer eigenen Seele einzudringen, neue Horizonte zu entdecken, den inneren Reichtum zu finden und so Verwandlung zu erfahren.

Das Bild vom Brunnen wird auch in einer Geschichte von Hubertus Halbfas ein wichtiges Symbol für unsern Weg zu Gott. Ein junger Mann will seine beiden Brüder an einen Brunnen führen: „Ich will euch dahin führen, wo ihr die Wahrheit über euch selbst erfahren sollt." Als sie zum Brunnen kommen, sagt er zum älteren Bruder: „Ich will dich anbinden und in den Brunnen hinunterlassen. Schau dir an, was es dort im Brunnen gibt." Doch der älteste Bruder hat Angst, in den Brunnen hinabgelassen zu werden, ebenso der zweite. Nur der jüngste läßt sich ganz hinunter. (Vgl. Halbfas, Der Sprung in den Brunnen) Er hat den Mut, durch alle seine Schattenseiten hindurch zum Grund zu gelangen. Bei einem Kurs habe ich die Teilnehmer einmal eingeladen, sich vorzustellen, wie sie von einem Freund oder einer Freundin an einem Seil in den Brunnen hinabgelassen werden, was ihnen da alles begegnet. Für viele war das bedrohlich, was da an Vorstellungen hochkam. Und dann sollten sie sich vorstellen, was sie auf dem Grund erlebten. Der eine fand dort eine klare Quelle, die ihn erfrischte. Ein anderer begegnete dort seinem Vater, der ihn in das Geheimnis des Lebens einführte. Ein anderer sah dort eine schöne Landschaft oder er entdeckte kostbare Perlen. Der Weg zu neuer Lebensqualität führt über das Hinabsteigen in den eigenen Grund.

Im Märchen vom goldenen Schlüssel findet ein armer Junge, als er den Schnee wegscharrt, um sich ein Feuer zu machen, einen goldenen Schlüssel. Als er weitergräbt, entdeckt er ein eisernes Kästchen. Der Schlüssel paßt. „Da drehte er einmal herum, und nun müssen wir warten, bis er vollends aufgeschlossen und den Deckel aufgemacht hat, dann werden wir erfahren, was für wunderbare Sachen in dem Kästchen lagen." (Laiblin 276) Auch hier liegt der Schatz in der Tiefe. Und voraus geht eine Notlage, die der Junge mit den erprobten Mittel meistern möchte. Das Märchen möchte uns sagen, „daß am Ende unserer 'ermüdenden Umläufe' (Plutarch), unserer angestrengten subjektiven Bemühungen in Dunkel und Irrtum, Not, Angst und Entbehrung uns das Hingeführtwerden zu einem ganz Neuen, Heilvollen als unerwartetes, beseligendes Geschenk einer verborgenen Führung erwartet". (Laiblin 277) Laiblin nennt diesen Typ von Märchen eine Zweiweltenerzählung. „Eine ausweglose Konfliktsituation, eine schicksalhafte Lebensminderung oder Lebensstockung" führt dazu, daß der Held sich in eine andere Welt aufmacht, um dort eine noch unerkannte oder verlorengegangene Lebenskraft oder Lebensquelle zu finden. In der Tiefe wird ein kostbares Gut gefunden, das der Held dann in seine Welt mitnehmen kann, das ihm auf seinem Weg weiterhilft und das ihn ganz und heil macht.

Die Märchen mit dem Motiv der Zweiweltenerzählung weisen uns alle auf den Weg einer Spiritualität von unten. Wir müssen in die Tiefe steigen, um eine neue Quelle für unser Leben zu entdecken. Wir müssen in die Tiefe, um das leergewordene und vertrocknete Leben zu erneuern. Die Kraft der Verwandlung finden wir nicht dort, wo wir leben, sondern nur in der Tiefe. Der Weg in die Tiefe geht über das Vertrauen und Sichanvertrauen, über das Loslassen und Geschehenlassen. Ich kann diesen Weg nicht aus eigenem Entschluß gehen, sondern nur, wenn ich gerufen werde. Nur wer auf die Stimme des Lebens hört und ihr gehorcht, kann in der Tiefe die Lebensquelle finden. Wer „in Unreife, d.h. aus ichhafter Willkür, Neugier oder Eigennutz geht, wird von den Jenseitigen genarrt und bestraft" (Ebd 279), wie z.B. Pechmarie. Oft zwingt mich erst ein Scheitern oder die Verzweiflung, den Weg nach unten zu gehen, um dort die Quelle zu entdecken.

3. Entfaltung einer Spiritualität von unten

Spiritualität von unten würde bedeuten, daß wir Gott gerade in unseren Leidenschaften, in unseren Krankheiten, in unseren Wunden, in unseren Umwegen, in unserer Ohnmacht suchen. Wir könnten das Märchen von den Drei Sprachen als Bild für diese Spiritualität von unten nehmen. Dann würden wir ihr gemäß leben, wenn wir einen Dialog führen mit unseren Leidenschaften, unseren Krankheiten und Wunden. Wir könnten sie befragen, was Gott uns darin sagen möchte und wie er uns gerade durch sie zum Schatz im Turm unseres Leben führen möchte. Wir können den Schatz in uns nur finden, wenn wir in unsern Turm hinabsteigen. Viele Überflieger, die den Schatz in der Höhe suchen, stürzen jäh ab und finden ihn nie. Manche, die äußeren Idealen nachstreben, kommen nie in Berührung mit ihrem wahren Wesen. Sie benutzen die Ideale, um ihrem Ehrgeiz zu genügen. Sie leisten zwar oft Großes, aber sie entdecken nie ihr wahres Selbst, sie leben an der eigentlichen Berufung, die Gott ihnen zuteil werden läßt, vorbei. Wir müßten uns von den bellenden Hunden in den Grund führen und uns den Ort zeigen lassen, an dem der Schatz begraben liegt. Die wilden Hunde werden uns dort sogar behilflich sein, den Schatz auszugraben. Oder wir können im Bild von Frau Holle dort, wo wir an eine Grenze kommen und keinen Ausweg mehr wissen, in den Brunnen springen, in der Hoffnung, daß Gott uns da eine neue Sichtweise schenkt und neue Möglichkeiten eröffnet.

Der Weg zum Schatz, zum wahren Selbst, ist der eine Aspekt einer Spiritualität von unten. Der andere Aspekt ist die Erfahrung der Talsohle, der eigenen Ohnmacht, die dann zum Absprung in die Gnade Gottes wird. In der Tiefe kann ich nicht nur heil werden. Dort, wo ich am Ende bin, werde ich ganz und gar auf Gott geworfen. Dort, wo ich vor Gott kapituliere, wo ich einsehe, daß ich mich nicht aus eigener Kraft aus dem Sumpf herausziehen kann, daß ich mich nicht selber besser machen kann, dort kann auch eine persönliche Beziehung zu Gott anfangen. Dort erahne ich, wer Gott ist und was Gnade ist. In der geistlichen Begleitung erleben wir immer wieder, wie Menschen über sich enttäuscht sind, weil sie ihr eigenes geistliches Programm nicht erfüllen können, weil sie trotz allen Bemühens immer wieder versagen. Anstatt ihnen Mut zu machen, daß sie mit mehr Willenskraft alle Fehler beseitigen könnten, versuchen wir sie darauf hinzuweisen, daß das eine entscheidende geistliche Erfahrung ist. Wir haben für uns keine Garantie. Wir können mit uns nicht machen, was wir wollen. Aber gerade dort, wo wir nichts mehr machen können, wo wir an unseren eigenen Vorstellungen von uns scheitern, wo nach menschlichen Maßstäben alles schief läuft, dort möchte Gott uns anrühren und uns zeigen, daß alles Gnade ist.

In solchen Erfahrungen der eigenen Grenze und Ohnmacht erleben wir, so glaubt Karl Rahner, den Heiligen Geist an uns am Werk. Rahner beschreibt die Erfahrung des Heiligen Geistes gerade in Grenzsituationen und in der Ergebung in Gott hinein: „Haben wir schon einmal versucht, Gott zu lieben, dort, wo keine Welle einer gefühlvollen Begeisterung einen mehr trägt, wo man sich und seinen Lebensdrang nicht mehr mit Gott verwechseln kann, dort, wo man meint zu sterben an solcher Liebe, wo sie erscheint wie der Tod und die absolute Verneinung, dort, wo man scheinbar ins Leere und gänzlich Unerhörte zu rufen scheint, dort, wo es wie ein entsetzlicher Sprung ins Bodenlose aussieht, dort, wo alles ungreifbar und scheinbar sinnlos zu werden scheint?" (Rahner III 106) Und er stellt fest: „Wenn das Greifbare und Angebbare, das Genießbare versinkt, wenn alles nach tödlichem Schweigen tönt, wenn alles den Geschmack des Todes und des Unterganges erhält, oder wenn alles wie in einer unnennbaren, gleichsam weißen, farblosen und ungreifbaren Seligkeit verschwindet, dann ist in uns faktisch nicht nur der Geist, sondern der Heilige Geist am Werk. Dann ist die Stunde seiner Gnade. Dann ist die scheinbar unheimliche Bodenlosigkeit unserer Existenz, die wir erfahren, die Bodenlosigkeit Gottes, der sich uns mitteilt, das Anheben des Kommens seiner Unendlichkeit, die keine Straßen mehr hat, die wie ein Nichts gekostet wird, weil sie die Unendlichkeit ist." (Ebd 108)

Die Bedingung, daß wir Gottes Gnade erfahren können, ist für das 12-Schritte-Programm der AA-Gruppen immer das Eingeständnis der eigenen Ohnmacht, die Bankrotterklärung an den eigenen Willen, aus eigener Kraft die Krankheit in Griff zu bekommen. Erst wenn der Alkoholiker eingestanden hat, daß er den Alkohol nie in Griff bekommen kann, kann er sich vorbehaltlos Gott anvertrauen. Dort, wo er mit seinen eigenen Versuchen kapituliert, kann die Beziehung zu Gott wachsen. Und in der Beziehung zu Gott kann er dann heil werden. Hermann Hesse hat dieses Paradox menschlichen Strebens am eigenen Leib erfahren. In einem Brief schreibt er, daß unser Weg im Ringen um das Gute unweigerlich in der Verzweiflung endet, „nämlich mit der Einsicht, daß es ein Verwirklichen der Tugend, ein völliges Gehorchen, ein sattsames Dienen nicht gibt, daß Gerechtigkeit unerreichbar, daß Gutsein unerfüllbar ist. Diese Verzweiflung führt nun entweder zum Untergang oder aber zu einem dritten Reich des Geistes, zum Erleben eines Zustandes jenseits von Moral und Gesetz, ein Vordringen zu Gnade und Erlöstsein, zu einer neuen, höheren Art von Verantwortungslosigkeit, oder kurz gesagt, zum Glauben." (Hesse 389) Erst wenn wir in unserem Bemühen um ein Leben nach Gottes Willen eingestanden haben, daß wir es nie erreichen werden, uns zu verwandeln, erahnen wir, was Glauben heißt, daß wir uns ganz und gar in Gottes Arme fallen lassen, daß wir uns Ihm anvertrauen. Es geht also in der Spiritualität von unten nicht nur darum, im Durchgang durch meine Gedanken und Gefühle, durch meine Lebenswunden und durch meine Krankheiten menschlich zu wachsen und meinen Schatz zu entdecken, sondern um die Erfahrung des Glaubens gerade dort, wo ich am Ende bin mit meinen Möglichkeiten, das Wachsen einer Beziehung zu Gott, wo ich mich völlig allein fühle.

a) Der Dialog mit Gedanken und Gefühlen

Die Spiritualität von unten bedeutet, auf Gottes Stimme in unsern Gedanken und Gefühlen, in unsern Leidenschaften und Bedürfnissen zu hören. Gott spricht zu uns in unsern Gefühlen und Leidenschaften. Nur wenn wir darauf hören, entdecken wir das Bild, das Gott sich von uns gemacht hat. Wir dürfen die Emotionen und Leidenschaften nicht bewerten. Alle haben einen Sinn. Es kommt nur darauf an, zu verstehen, worauf Gott mich darin hinweisen möchte. Viele verurteilen sich wegen ihrer negativen Gefühle wie Zorn und Ärger, wie Eifersucht und Lustlosigkeit. Sie versuchen - oft „mit Gottes Hilfe" -

gegen diese Gefühle anzugehen, um sie loszuwerden. Spiritualität von unten würde bedeuten, daß ich mich aussöhne mit allen Leidenschaften, mit allen Emotionen. Alle könnten mich zu Gott führen. Ich muß nur in sie hineinsteigen und sie befragen, was sie mir sagen möchten. Für die Spiritualität von oben sind die Leidenschaften ja vor allem da, um beherrscht und überwunden zu werden. Das Ideal der Gelassenheit, der Nächstenliebe, der Freundlichkeit, verlangt, daß ich Zorn und Wut beherrsche. Doch in meiner Wut kann oft genug Gott zu mir sprechen und mich auf den Schatz hinweisen, der in mir vergraben liegt. Wenn ich in meine Wut hineinhöre, sagt sie mir vielleicht, daß ich gegen mein wahres Wesen lebe, daß ich die Gestalt nicht zugelassen habe, die Gott mir zugedacht hat. Die Wut weist oft darauf hin, daß ich andern zuviel Macht gegeben habe. Ich habe immer nur die Erwartungen der andern erfüllt und nicht auf mich und meine Bedürfnisse gehört. Ich habe nicht selbst gelebt. Andere sind mir zu nahe gekommen. Sie haben meine Grenze überschritten und mich verletzt. Anstatt die Wut zu unterdrücken, wäre der Dialog mit ihr der Weg, den Schatz in mir zu entdecken, das Bild in mir zu finden, das Gott sich von mir gemacht hat. Die Wut ist die Kraft, den andern, der mich verletzt hat, aus mir herauszuwerfen und so eine gesunde Distanz zu ihm zu schaffen. Erst wenn ich den andern aus mir herausgeworfen habe, kann ich ihm auch vergeben und so wirklich frei werden von seiner Macht über mich. Gerade bei Frauen, die als Kinder sexuell mißbraucht worden sind, ist es wichtig, daß sie mit ihrer Wut in Berührung kommen und den, der sie mißbraucht hat, aus sich herauswerfen. Das ist die Bedingung, daß ihre Wunde heilen kann.

Es gibt aber auch eine Wut, die mich einfach

beherrscht, mit der ich nicht mehr in den Dialog treten kann. Ich kann ihren Sinn nicht erkennen, ich kann die Sprache der bellenden Hunde in ihr nicht verstehen. Dann kann sie zum Brunnen werden, in den ich springen muß, so wie Goldmarie in „Frau Holle" dort, wo sie nicht mehr weiterkam, wo alles Überlegen zwecklos war, in die Tiefe springen mußte. Vielleicht entdecke ich dann auf dem Grund meines Brunnens auch eine Blumenwiese, so daß sich auf einmal alles in mir und um mich herum verwandelt. Vielleicht finde ich auf dem Grund meiner Wut eine Quelle von Energie, vielleicht verwandelt sich dann meine Wut in die Lust am Leben. Oder ich erkenne in meiner Ohnmacht, meine Wut loszuwerden oder mit ihr gut umzugehen, daß ich meine eigene Anstrengung aufgeben und mich einfach nur in Gottes Hände hinein ergeben muß. Dann verweist mich meine Wut auf meine Beziehung zu Gott. Ich werde die Wut nie loswerden. Aber sie kann immer wieder zu einem Ansporn werden, mich Gott anheimzugeben. Es sind also immer wieder drei Wege der Spiritualität von unten: erstens der Dialog mit den Gedanken und Gefühlen, zweitens das Hinabsteigen bis auf den Grund, das Sichhineinspüren in die Emotionen und Leidenschaften, das Zu-Ende-spüren, bis sie sich wandeln und ich auf ihrem Grund neue Möglichkeiten entdecke und Gott finde, und drittens die Kapitulation vor Gott, das Eingeständnis, daß ich aus eigener Kraft nie weiter kommen werde, das Sichergeben in Gott hinein, das Sichfallenlassen in Gottes gute Hände, oder wie es das Märchen von der Frau Holle beschreibt, der Sprung in den Brunnen.

Manche meinen, Jähzorn sei eine Charaktereigenschaft, die man nicht ändern könne. Aber wenn ich den Dialog mit meinem Jähzorn beginne, zeigt er mir, daß er ein Schrei nach Leben ist. Oft verweist er auf Situationen in der Kindheit, in denen sich jemand in seiner Einmaligkeit, in seinen eigenen Gefühlen nicht ernst genommen fühlte. Damals war es vermutlich lebensnotwendig, sich gegen das Nichternstgenommenwerden so jähzornig zu wehren, damit man nicht noch mehr auf seinen Gefühlen herumtrampelt und sie dadurch abwürgt. Damals war der Jähzorn wichtig zum Überleben. Aber jetzt ist er keine gute Strategie mehr. Im Gegenteil, viele leiden an ihrem Jähzorn und machen sich selbst und ihrer Umgebung das Leben schwer. Der Dialog mit dem Jähzorn könnte uns mit dem darin verborgenen Wunsch in Berührung bringen, unsere eigenen, ganz persönlichen Gefühle haben zu dürfen. Aber es gibt auch Menschen, denen der Dialog mit ihrem Jähzorn nicht weiter hilft. Sie müssen sich in aller Demut mit ihren unbeherrschten Gefühlen aussöhnen und sich von ihrem Jähzorn immer wieder in die eigene Ohnmacht führen lassen, in der ihnen nichts anderes übrig bleibt, als sich in Gott hinein zu ergeben.

Viele Menschen leiden an irgendwelchen Ängsten. Eine häufige Reaktion ist, daß sie die Angst entweder durch eine Therapie in Griff bekommen wollen, oder, indem sie unablässig darum beten, daß Gott ihnen die Angst nehmen möge. Aber in beiden Fällen sind sie auf ihre Angst fixiert und möchten sie unbedingt loswerden. Aber dann verstehen sie die Botschaft ihrer Angst nicht. Ohne Angst hätten wir auch kein Maß. Da würden wir uns ständig überfordern. Eine übertriebene Angst weist uns oft auf eine falsche Lebenseinstellung hin. Oft ist der Perfektionismus die Ursache unserer Angst. Wenn ich überall der beste sein muß, wenn ich in einer Diskussion immer perfekte Argumente haben muß, wenn ich erwarte, daß alle meine Beiträge „toll" finden, dann habe ich ständig Angst, mich zu blamieren. Meine Erwartungen sind so hoch, daß sie mir Angst machen. Die kognitive Verhaltenstherapie meint, die Angst würde uns auf falsche Grundannahmen hinweisen, etwa auf die Grundannahme: „Ich darf keinen Fehler machen, sonst bin ich nichts wert. Ich darf mich nicht blamieren, sonst werde ich abgelehnt." Der Dialog mit unserer Angst könnte uns helfen, menschlichere Grundannahmen zu entwickeln: „Ich darf sein, wie ich bin. Ich darf Fehler machen. Ich darf mich blamieren. Meine Würde ist in mir. Sie kann mir durch eine Blamage nicht genommen werden." Allerdings geht es nicht um einen Trick, von meiner Angst frei zu werden. Die Angst kann mich einladen, besser mit mir umzugehen und ein angemesseneres Bild von mir zu finden. Es kann aber sein, daß alles Reden mit meiner Angst nichts nützt, daß sie trotzdem bleibt und mich lähmt. Dann treibt mich die Angst zu Gott. Dann bleibt mir nichts anderes übrig, als meine Ohnmacht einzugestehen, daß ich mit meiner Angst nie fertig werde. Dann ist die Angst die Talsohle, von der ich mich abstoßen kann, um in Gott hinein zu finden. Dann zwingt mich die Angst, sie spirituell anzugehen, mich in ihr Gott hinzuhalten oder ein Bibelwort in meine Angst zu sprechen, wie: „Muß ich auch wandern in finsterer Schlucht, ich fürchte kein Unheil, du bist ja bei mir." (Ps 23) Oder: „Der Herr ist mit mir, ich fürchte mich nicht. Was können Menschen mir antun?" (Ps 118) Dann wäre die Angst eine spirituelle Herausforderung und ein Test, wie ernst ich Gott und seine Zusagen nehme. Wenn ich wirklich daran glaube, daß Gott bei mir ist, dann verfliegt dadurch die Angst nicht. Aber ich könnte doch mitten in meiner Angst einen Anker haben, an dem ich mich festhalten kann. Ich würde mich mit meiner Angst aussöhnen und mich nicht bei jedem Anflug von Angst gleich in Panik hineinsteigern. Eine andere Hilfe ist, sich die Angst einzugestehen, aber zugleich daran zu glauben, daß in mir ein Raum ist, zu dem die Angst keinen Zutritt hat. Meine Emotionen sind von der Angst geprägt, aber in meine Tiefe kann die Angst mir nicht folgen.

Manchmal haben wir vor uns selber Angst. Wir haben unsere Aggressionen verdrängt und sind voller Angst, daß sie explodieren können. Eine Frau hat die irrationale Angst, daß sie ihr Kind, das sie doch so liebt, umbringen könnte. Der Dialog mit dieser Angst könnte ihr zeigen, daß sie neben ihrer Liebe auch Aggressionen dem Kind gegenüber hat. Es ist ja verständlich, daß eine Mutter, die sich 24 Stunden um das Kind kümmert, auch Aggressionen spürt. Sie möchte auch mal für sich allein sein. Die Aggressionen zeigen ihr, daß sie mehr Distanz zum Kind braucht. Aber in ihrer Spiritualität von oben konnte sie es sich nicht vorstellen, daß sie auch aggressiv sein dürfte. Sie hatte ein hohes Mutterideal. Als Mutter müßte sie immer liebevoll zu ihrem Kind sein. Je höher sie dieses Ideal ansetzte, desto stärker regte sich der Gegenpol, die Aggression. So könnte der Dialog mit ihrer Angst die Mutter dazu führen, in ihrer Sorge um das Kind auch für sich selbst besser zu sorgen. Die Angst hat immer einen Sinn. Wir müßten nur ihre Sprache verstehen, dann könnten wir auch den Schatz entdecken, auf den sie uns verweisen möchten.

Es gibt allerdings auch Ängste, die mit der menschlichen Existenz notwendig gegeben sind, die Angst vor der Einsamkeit und die Angst vor dem Tod. Hier geht es darum, die Angst zuzulassen und ihr auf den Grund zu folgen. Im Tiefsten bin ich einsam. Es gibt Bereiche, in die mir niemand folgen kann. Da fühle ich mich allein. Hermann Hesse versteht das Menschsein als Einsamsein: „Leben ist Einsamsein. Kein Mensch kennt den andern, jeder ist allein." Für Paul Tillich ist Religion das, was jeder mit seiner Einsamkeit anfängt. Wenn ich mich aussöhne mit meiner Einsamkeit und mit meiner Angst vor ihr, dann könnte ich das Geheimnis meiner Existenz entdecken: „Wer die letzte Einsamkeit kennt, kennt die letzten Dinge." (F. Nietzsche) Die Einsamkeit, das Alleinsein könnte mich zu der tiefen Erfahrung führen, daß ich mit allem eins bin. Letztlich verweist mich meine Einsamkeit auf Gott. Der katholische Philosoph Peter Wust hat das in seiner letzten Einsamkeit vor dem Sterben erfahren: „Ich glaube, der tiefste Grund aller menschlichen Einsamkeit ist das Heimweh nach Gott." (Ges. Werke IX, 155) Im Sterben ist jeder einsam. „Sterben bedeutet letzte und restlose Einsamkeit. Es macht einsam und läßt einen in die äußerste Einsamkeit eintauchen." (Schütz 277) So könnte mich die Einsamkeit herausfordern, mich ganz und gar Gott anheimzugeben. Dann wird die Einsamkeit für mich fruchtbar werden, zur Quelle meiner Spiritualität.

Trotz des Glaubens an die Auferstehung wird immer noch die Angst vor dem Sterben bleiben. Ich kann die Angst nur zulassen und mir sagen: „Ja, ich werde sterben. Ich kann durch einen Unfall sterben oder durch Krebs oder Herzinfarkt. Ich kann mich letztlich nicht davor schützen." Wenn ich das zulasse, werde ich gezwungen, über mein Menschsein nachzudenken: Worin besteht mein Leben, was ist der Sinn meines Lebens? Die Angst vor dem Sterben führt mich zu den Grundfragen menschlicher Existenz. Durch die Angst hindurch können mir die christlichen Wahrheiten neu aufgehen, daß ich durch die Taufe schon jenseits der Schwelle lebe, daß ich mit Christus schon gestorben bin und der Tod keine Macht mehr über mich hat. In mir ist etwas, das der Tod nicht mehr zerstören kann. Das Bild, das Gott sich von mir gemacht hat, ist unvergänglich. Es wird im Tod erst in seiner wahren Schönheit aufleuchten.

Die Spiritualität von unten geht auch anders mit unseren Trieben um. Sie versucht, sie nicht zu beherrschen, sondern zu verwandeln. Sie fragt, wozu die Triebe uns antreiben möchten. Es gibt heute viele, die Eßprobleme haben. Manche kämpfen ihr Leben lang vergeblich dagegen an. Fasten kann zwar ein guter Weg sein, von der Eßsucht frei zu werden. Aber wenn ich mich mit Fasten bestrafe, weil ich zuviel gegessen habe, dann werde ich immer um das Thema Essen oder Fasten kreisen. Wichtiger wäre, daß ich mich frage, warum ich immer zuviel essen möchte, welche Sehnsucht hinter meiner Eßsucht steckt. Wenn ich mit dieser Sehnsucht in Berührung komme, dann wird sich auch die Sucht verändern. Im Essen steckt die Sehnsucht nach Genießen. Die Heilung bestünde eher darin, das Genießen zu lernen und mir das gute Essen zu gönnen. Das Ziel des geistlichen Lebens ist ja nach der mittelalterlichen Mystik, Gott zu genießen, frui deo. Wer sich jeden Genuß verbietet, wird auch von Gott nichts erfahren. Die wahre Askese ist nicht Verzichten und Abtöten, sondern Einübung in die Menschwerdung, Einüben auch ins Genießen.

Ähnlich ist es mit der Sexualität. Wir haben sie oft in den Turm eingesperrt, aus Angst, die bellenden Hunde würden uns zerreißen. Aber dann fehlt uns die Kraft der Sexualität für unsere eigene Lebendigkeit und für unsere Spiritualität. Eine Spiritualität, die die Sexualität einsperrt, muß ständig Angst haben vor den lauernden Begierden, die einen überfallen. Es ist eine negative Sicht von Sexualität, wenn sie nur das zu Beherrschende ist. Sexualität ist die wichtigste Quelle für unsere Spiritualität. Wenn wir uns mit ihr anfreunden und wie der junge Mann im Märchen gut mit ihr reden, dann könnte sie uns auf den Schatz in unserer Tiefe hinweisen, auf den Schatz unserer Lebendigkeit und unserer spirituellen Sehnsucht. Dann könnte sie uns vielleicht sagen: „Versuche, wirklich zu leben und zu lieben. So wie du jetzt lebst, lebst du an dir und am Leben vorbei. Gib dich nicht zufrieden mit einem bloß korrekten Leben! In dir ist eine größere Sehnsucht nach Leben und Liebe. Traue deiner Sehnsucht! Gib dich dem Leben hin, gib dich den Menschen hin, liebe sie mit deinem Herzen! Und liebe Gott mit ganzem Herzen, liebe ihn mit deinem Leib und mit deiner Leidenschaft! Ruhe nicht, bis du dich in Gott hinein übersteigst und mit ihm eins wirst!" Aber es geht nicht nur darum, in den Turm hineinzusteigen und mit meiner Sexualität zu sprechen, um den Schatz zu entdecken, zu dem sie mich führen möchte. Oft überfällt uns die Sexualität, dann kommen wir gar nicht dazu, mit ihr zu sprechen. Sie hat uns einfach. Viele leiden an der Selbstbefriedigung. Und jeder Kampf dagegen endet meistens in der Enttäuschung. Anstatt sich dann mit Schuldgefühlen zu bestrafen, wäre es hilfreicher, seine Ohnmacht einzugestehen, seine Sexualität jemals in Griff zu bekommen. Für viele ist es heilsam, daß sie ihre Sexualität nicht beherrschen können. Das zwingt sie zum demütigen Eingeständnis, daß sie Menschen sind aus Fleisch und Blut, daß sie sich nicht mit Gewalt zu rein geistigen Menschen machen können. Die Mönche sprechen immer wieder davon, daß wir zuerst unsere Ohnmacht eingestehen müssen. Dann erst nimmt Gott von uns den Kampf. So heißt es in einem Apophthegma: „Ein Bruder befragte sich beim Altvater Agathon wegen der Unzucht. Er erklärte ihm: Wohlan, wirf dein Unvermögen vor Gott, und du wirst Ruhe finden." (Apo 103) Erst wenn der junge Mönch seine Ohnmacht bekennt, daß er die Sexualität nicht beherrschen kann, kann Gott ihn durch die Ohnmacht hindurch zu neuer Freiheit führen. Es gibt beide Erfahrungen: durch Ohnmacht gegenüber seiner Sexualität den Frieden mit sich und Gott erlangen oder die Verwandlung der Sexualität, wie sie etwa im Tantrismus geübt wird. Dort wird die sexuelle Erregung bewußt eingesetzt, um spirituelle Kräfte zu wecken. Die Sexualität gilt hier als spirituelle Kraft, die uns auf Gott hin treibt. In der Spiritualität von unten nehmen wir unsere Sexualität dankbar an, weil sie uns immer wieder daran erinnert, daß unser geistliches Leben in der Lust am Leben gipfelt, daß wir nicht bloß korrekt leben sollen, sondern über uns hinauswachsen dürfen in der Ekstase in Gott hinein. Wir haben in unserer geistlichen Tradition Sexualität meistens zu negativ gesehen als die Leidenschaft, die uns von Gott trennt. Natürlich kann uns die Sexualität so bestimmen, daß sie uns Gott gegenüber verschließt. Aber es gibt auch die spirituelle Erfahrung, daß das Sichregen der Sexualität immer auch eine spirituelle Energie mit sich bringt, daß die Sexualität uns immer wieder an unsere Sehnsucht erinnert, mit aller Leidenschaftlichkeit und Liebe mit Gott zu verschmelzen und in ihm die Erfüllung unserer Sehnsucht zu erleben.

Tief in uns sitzt der Ehrgeiz, daß wir mit unseren negativen Gefühlen wie Traurigkeit und Empfindlichkeit zurechtkommen. Aber oft genug spüren wir, daß wir diese Gefühle nicht einfach durch positives Denken vertreiben können. Auch das Beten hilft oft nicht weiter. Manche bitten Gott ständig, daß er sie von ihrer Depression befreien möge. Aber sie kreisen dann in ihrem Beten nur noch um sich selbst. Eine Schwester litt immer wieder darunter, daß sie von abgrundtiefer Traurigkeit befallen wurde. Nichtbeachtung durch eine Mitschwester, Unzufriedenheit über ihre Arbeit, Überforderung oder irgendein anderer Anlaß konnten ihre Fröhlichkeit mit einem Schlag in düstere Traurigkeit verwandeln. Und immer wieder macht sie sich Vorwürfe, daß sie trotz therapeutischer und geistlicher Begleitung nicht weiterkommt. Sie ist von sich enttäuscht und zweifelt an sich selber. Es wäre irrig zu meinen, es gäbe einen spirituellen oder einen psychologischen Trick, der sie für immer von diesen traurigen Phasen befreien würde. Die Frage ist, warum sie überhaupt von ihrer Traurigkeit befreit werden möchte. Ist das wirklich Gottes Wille oder nur ihr eigener? Entspricht ihre Traurigkeit nicht ihrem Ideal einer Schwester, die immer aus Gott lebt, die durch Gebet und Meditation immer gelassener wird und über den Dingen steht? Aber ist dieses Ideal wirklich auch Gottes Bild von ihr? Oder will sie dem Bild Gottes ihr eigenes Bild überstülpen, das mehr nach ihrem Geschmack wäre, vollkommener und idealer? Will sie Gott dazu benützen, ihr bei der Erfüllung der eigenen Ideale zu helfen? Lange Zeit meinte sie, sie könne sich durch Gebet und Meditation von der eigenen Empfindlichkeit befreien. Doch das ist kein Weg. Denn dann würde sie Gott dazu benützen, von den ihr peinlichen Gefühlen loszukommen. Aber sie hätte eigentlich gar kein Interesse an Gott. Wenn es ihr in ihrer Spiritualität vor allem um Gott geht und nicht um ein gelassenes und zufriedenes Leben, dann findet sie Gott nicht an ihrer Traurigkeit vorbei, sondern durch sie hindurch. Der Weg wäre, sich die Traurigkeit und Empfind-

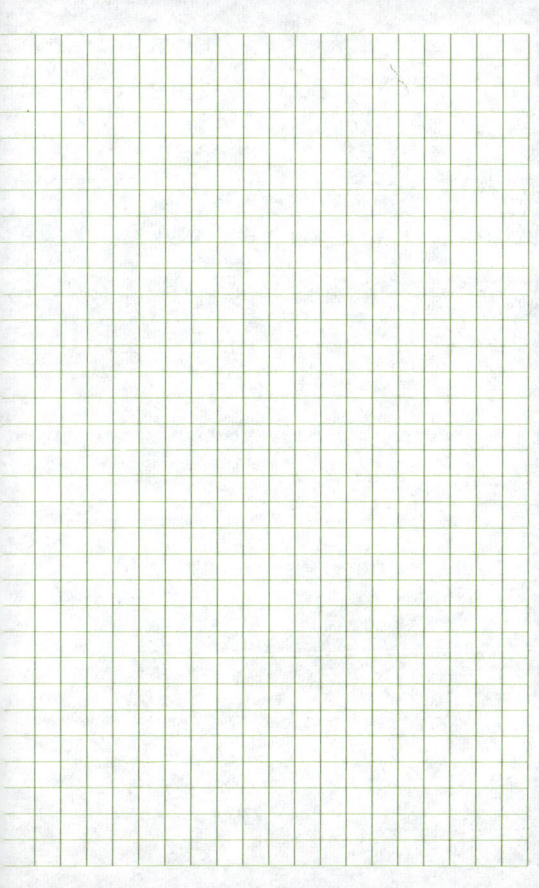

lichkeit einzugestehen: „ja ich bin verletzt, es tut mir weh." Wenn ich nicht nur mit meiner Traurigkeit rede, sondern in sie eintauche, ihr auf den Grund gehe, dann kann sie sich für mich verwandeln in einen bitter-süßen Geschmack. Dann spüre ich auf einmal, daß meine Traurigkeit ein intensives Gefühl ist, daß ich in ihr etwas von der Schwere des Lebens und vom Geheimnis des Seins überhaupt erahne. Mir tut es dann gut, diese Traurigkeit zuzulassen. Sie kann durchaus zu einem schönen Gefühl werden, zur Ahnung, daß noch viele Illusionen von mir zerbrechen müssen, bis ich die Wahrheit meines Lebens und die Wahrheit Gottes erkennen und spüren kann.

Oft gibt es gerade im zwischenmenschlichen Bereich Probleme, bei denen es nicht hilft, die Sprache der bellenden Hunde zu verstehen. Wenn ich mich in einer Gemeinschaft immer wieder ausgeschlossen und mißverstanden fühle, dann kann ich zwar nach den Ursachen fragen und versuchen, mich selbst mehr ins Gespräch zu bringen, um Mißverständnisse zu klären. Aber oft bleibt das Gefühl des Ausgeschlossenwerdens und Unverstandenseins. Es hat dann keinen Zweck, sich ständig darum zu mühen, endlich verstanden und angenommen zu werden. Je mehr ich darum kreise, von allen akzeptiert zu werden, desto weniger werde ich es erfahren. Da bleibt mir nur übrig, die Situation in der Gemeinschaft als spirituelle Herausforderung zu sehen. Es gibt sowohl in einer klösterlichen Gemeinschaft als auch in der Ehe Situationen, die so verfahren sind, daß sie nicht gelöst werden können. Sie zwingen mich, in Gott meinen Halt und meine Geborgenheit zu suchen. Gerade wenn mir die Gemeinschaft meine Bedürfnisse nicht erfüllt, muß ich mich fragen, wie ernst ich das Psalmwort nehme: „Der Herr ist mein Hirt, nichts wird mir fehlen." (Ps 23) Ist

69

Gott nur die Bestätigung meines Wohlbefindens oder kann ich mit Theresa von Avila sagen, daß Gott allein genügt? Unlösbare Probleme im Miteinander könnten ein Test sein, wie weit ich Gott wirklich ernst nehme. Da kann ich lernen, ganz auf Gott zu bauen, meine Sehnsucht auf Gott allein zu richten und von ihm allein das Heil und die Erfüllung zu erwarten. Wenn ich bei andern die Geborgenheit und Heimat nicht finde, dann muß ich sie in mir suchen. Es gibt in mir einen Raum, in den die Nadelstiche meiner Mitmenschen nicht eindringen, einen Raum der Stille, in dem Gott in mir wohnt, in dem ich wahrhaft daheim sein kann, weil Gott, das Geheimnis, selbst in mir wohnt. Es ist dann meine Entscheidung, ob ich ständig um mein Unverstandensein kreise und darüber jammere, oder ob ich es dazu benutze, tiefer in Gott hinein zu wachsen.

Das sind nur einige Beispiele, die uns zeigen sollen, wie die Spiritualität von unten konkret aussehen könnte. Sie zeigt sich vor allem darin, daß wir uns hinabbeugen zu dem, was in uns ist, daß wir die Gefühle ernst nehmen, die in uns auftauchen, daß wir uns nicht verurteilen für irgendeine Emotion, für irgendeine Leidenschaft. Wir rechnen vielmehr damit, daß Gott gerade in diesem Gefühl, in dieser Leidenschaft zu uns reden, daß er uns darauf hinweisen möchte, daß wir an unserem Wesen vorbei leben. Der Dialog mit den Gefühlen und Leidenschaften könnte uns auf verdrängte Bereiche aufmerksam machen, die wesentlich zu uns gehören und ohne die unser Leben ärmer wäre. Oder die Emotionen, die wir uns sonst verbieten, könnten uns mit dem Bild in Berührung bringen, das Gott sich von uns gemacht hat, das wir aber überdeckt haben mit den eigenen Idealbildern. Unser Idealbild ist oft genug, beherrscht und gelassen, friedlich und freundlich zu sein. Aber mit diesem Idealbild verstellen wir das Bild, das Gott sich von uns gemacht hat. In mir will vielleicht etwas ganz anderes leben, etwas Einmaliges, etwas, das Gott nur in mir entfalten möchte, das ich aber unterdrücke, weil es nicht meinen Vorstellungen entspricht.

Ich spüre aber zugleich, daß sich jetzt auch in meine Spiritualität von unten immer wieder der Ehrgeiz einschleicht, daß ich mich selber ändern kann, daß ich den Weg zu Gott selbst finde, zwar etwas anders als in meiner Jugend, aber eben doch selber. Spiritualität von unten würde aber gerade heißen, daß ich mir eingestehe, niemals eine Methode zu finden, mich selbst zu erlösen, mich selbst zu verwandeln. Ich muß mir vielmehr immer wieder sagen: trotz all deiner spirituellen Bemühungen, trotz all der Bücher, die du schreibst, wirst du dich immer mit den gleichen Problemen herumschlagen, wirst du nie deine Empfindlichkeit und deinen Ehrgeiz loswerden. Erst dieses Eingeständnis meiner Ohnmacht kann mich wirklich für Gott öffnen. Da spüre ich, daß ich meine Hände nur noch auftun muß, um mich in Gott hinein zu ergeben. Daher haben mich die Schlußworte des Romans „Das Ende einer Affäre" so stark angerührt. Da betet der Schriftsteller, der sich in Sarah verliebt hatte und nun nach ihrem Tod mit ihrem Mann zusammen ein Glas Bier trinkt: „O Gott, Du hast genug getan, Du hast mir genug geraubt. Ich bin zu müde und zu alt, als daß ich mit der Liebe von neuem beginnen könnte. Darum laß mich, bitte, für immer allein." (Greene 183) Nach all den leidenschaftlichen Abenteuern mit seiner Geliebten, am Ende der Affäre, da kann er sich nur noch in Gott hinein ergeben. Es war nicht seine Tugend, die ihm diese Erfahrung Gottes geschenkt hat, sondern das Scheitern seiner verbotenen Liebe. Ähnlich betet der Landpfarrer im Roman von George Bernanos: „Ich bin nun gänzlich entblößt, o Herr, wie du allein zu entblößen vermagst, denn nichts entgeht deiner schrekkenerregenden Vorsorge, nichts deiner schrekkenerregenden Liebe." (Bernanos 201) Irgendwann einmal werde ich müde sein von all den Versuchen, mich zu ändern. Dann wird auch mein Versuch, mich in Gott hinein loszulassen, nicht mehr Tugend sein, auf die ich stolz bin, sondern Ausdruck des gänzlich Entblößtseins. Dann werde ich mich in Gott hineinfallen lassen, weil es die einzige Möglichkeit ist, die mir noch bleibt. Dann erst bin ich frei von allem Ehrgeiz, der meine Spiritualität immer wieder zu einer Leistung pervertieren möchte.

b) Das Gespräch mit meinen Krankheiten

Die Spiritualität von unten lehrt auch einen andern Umgang mit der Krankheit. In uns steckt der unbewußte Wunsch, so zu leben, daß wir nie krank werden. Krankheit empfinden wir oft als Niederlage. Wir haben uns nicht so im Griff, daß wir über den Dingen stehen. Wir lassen uns von einem Virus infizieren, unser Körper reagiert auf Spannungen und Schwierigkeiten. Wir ärgern uns dann oft darüber und möchten den Leib wieder in Griff bekommen, durch Medikamente, durch gesunde Ernährung, durch Sport. Ein gesunder Lebensstil ist sicher ein guter Weg, mit sich und seinen Bedürfnissen umzugehen. Aber wenn wir meinen, es gäbe da einen Lebensstil, der unsere Gesundheit garantieren würde, dann würden wir wieder einem falschen Vollkommenheitsideal huldigen. Die Krankheit ist oft genug eine Chance, den Schatz in uns zu entdecken. Wenn wir nicht krank würden, würden wir weiterhin an der

Oberfläche leben, weiterhin unser Wesen verfehlen. Wir sind nicht von Natur aus so sensibel für Gott, daß wir von alleine leben, was er uns zugedacht hat. Da ist die Krankheit oft ein Anruf Gottes, der uns in die Wahrheit führen und uns den Schatz in uns zeigen möchte. Wir wollen nur ein paar Beispiele bringen, wie wir mit unseren Krankheiten ins Gespräch kommen könnten und wie Gott uns gerade durch die Krankheit zum Schatz führen möchte. Die Krankheit kann eine Chance sein, neue Möglichkeiten in uns zu entdecken. Sie kann aber auch in die Verzweiflung an uns selbst führen, in die Ohnmacht, die Schmerzen auszuhalten, die sie uns aufbürdet. Oft sehen wir gar keinen Sinn in der Krankheit. Wir wissen nicht, worauf sie uns hinweisen möchte. Aber gerade in dieser Sinnlosigkeit, in dieser Trauer über die verlorene Gesundheit, in der Dunkelheit des Schmerzes, kann sie uns für Gott aufbrechen, so daß wir alle Versuche aufgeben, uns an uns selbst festzuhalten, und uns in Gott hinein ergeben.

Es kommt häufig vor, daß Priester bei der Messe Angst bekommen, ihnen würde schwindlig. Oft ist es gerade der Augenblick nach der Wandlung, da diese Angst auftaucht. Manche halten sich dann krampfhaft am Altar fest, andern bricht der Schweiß aus. Manche meinen dann, es würde bei ihnen etwas nicht stimmen. Sie suchen immer neue Ärzte auf, um ein Heilmittel dagegen zu finden. Besser wäre es, den Schwindel zu befragen: „Wo schwindle ich?" Das ist nicht moralisch gemeint. Keiner schwindelt bewußt. Aber der Schwindel weist oft darauf hin, daß da ein Zwiespalt in einem ist, der Zwiespalt zwischen Idealbild und Wirklichkeit. Meistens ist hier die Spiritualität von oben Ursache des Schwindels. Das Ideal war so hoch, daß einem schwindlig werden kann. Manch ein Priester hat gerade im Augenblick der Wandlung unbewußt ein archaisches Priesterbild in sich, das Bild des Priesters, der Irdisches in Himmlisches wandelt, der in Berührung kommt mit dem Göttlichen, der ins Allerheiligste eintritt, usw. Und zugleich spürt der Priester, daß er Mensch ist, mit Fehlern und Schwächen, mit sexuellen Phantasien und voller Aggressionen. Diese beiden Bilder kann er nicht zusammenbringen. So reagiert der Leib. Das Verdrängte meldet sich so stark zu Wort, daß er es beachten muß. Sich zu beherrschen und die Zähne zusammenzubeißen, hilft nicht weiter. Er muß sich seiner Wirklichkeit stellen. Wenn ich mit meinem Schwindel ins Gespräch komme, könnte er mich auf diesen Zwiespalt aufmerksam machen. Er könnte mich lehren, diese beiden Bilder zusammen zu bringen, meine menschliche Realität mit ihren Fehlern und Schwächen anzunehmen und mich so, wie ich bin, von Gott in Dienst nehmen zu lassen. Das würde mich davor bewahren, mich über die Menschen zu stellen, einer Ideologie des Priestertums zu verfallen. Er könnte mich von heidnischen Priesterbildern befreien und mich in das Geheimnis des christlichen Priesters einführen, das der Hebräerbrief im Blick auf Jesus Christus so beschreibt: „Wir haben ja nicht einen Hohenpriester, der nicht mitfühlen könnte mit unserer Schwäche, sondern einen, der in allem wie wir in Versuchung geführt worden ist, aber nicht gesündigt hat... Jeder Hohepriester wird aus den Menschen ausgewählt und für die Menschen eingesetzt zum Dienst vor Gott." (Hebr 4,15; 5,1) Natürlich ist der Dialog mit dem Schwindel keine Garantie dafür, daß er auch aufhört. Aber vielleicht läßt er mich besser erkennen, wie es um mich steht.

Kopfweh hindert uns am Arbeiten. Daher wollen

wir es möglichst schnell wieder loswerden. Aber dann erkennen wir nicht, worauf uns das Kopfweh hinweisen möchte. Normalerweise ist es ein Zeichen, daß wir uns überfordert haben, daß wir uns zuviel unter Druck gesetzt haben. Manchmal ist es auch ein Zeichen, daß wir uns in einer Gesellschaft nicht wohl fühlen. Wenn wir das Kopfweh mit Tabletten unterdrücken, dann begeben wir uns der Chance, auf das zu hören, was sich in uns zu Wort meldet. Der Leib zwingt uns zu der Ruhe, die wir uns sonst nicht gönnen. Er meldet sich zu Wort, wenn wir unser Maß überschritten haben. Wir sollten dankbar sein, wenn der Leib so stark reagiert. Er ist unser treuer Begleiter, der immer dann bellt, wenn wir den Zugang zu unserem Schatz mit äußeren Aktivitäten verstellen. Wir sollen auf den Leib nicht von oben herab reagieren, indem wir ihn vorschnell mit Medikamenten zwingen, uns zu gehorchen, sondern sollen uns in ihn hineinspüren, was er uns sagen möchte. Gott selbst weist mich in der Krankheit auf meine Wirklichkeit hin. Und ich kann den Weg zu Gott nicht an meiner Krankheit vorbei gehen. Ich muß vielmehr durch die Krankheit hindurch mich nach Gott ausstrecken, der das wahre und tiefste Heil für Leib und Seele ist. Dort wo ich krank bin, liegt auch mein Schatz. Anstatt die Krankheit mit Medikamenten in Griff zu bekommen, sollten wir mit ihr ins Gespräch treten. Vielleicht möchte sie uns darauf aufmerksam machen, daß wir nicht gut mit uns umgehen, daß wir gegen unsere Berufung, gegen das Bild Gottes in uns leben. Wenn wir uns mit der Krankheit aussöhnen, bringt sie uns in Berührung mit bisher übersehenen Bereichen und Möglichkeiten. Sie ist der wilde Hund in uns, der nicht aufhört, zu bellen, bis wir auf ihn hören und mit ihm gemeinsam uns auf die Schatzsuche machen.

Dabei kommt es gar nicht darauf an, jede Krankheit los zu werden. Manchmal brauchen wir einen ständigen Mahner, unserer Wahrheit gemäß zu leben. Das kann eine Allergie sein, die auch durch psychologisches Wissen kaum weggeht. Sie mahnt uns, gut mit uns umzugehen, behutsam und milde unseren Wünschen gegenüber zu sein. Die Allergie könnte mich zwingen, diszipliniert zu leben, mein Leben selbst zu leben, anstatt gelebt zu werden. Für den andern ist der Husten ein Erinnerungszeichen, selber zu leben, seinen Gefühlen zu trauen und sie zu äußern, anstatt sich nach den Erwartungen der anderen zu richten. Dabei sollten wir uns in die Symptomatik einer Krankheit hineinfühlen. Die Symptome einer Krankheit geben oft schon den Weg der Therapie an. Sie zeigen uns, worauf wir achten sollten.

Aber wir dürfen nicht meinen, daß wir alle unsere Krankheiten durch das Sprechen mit den bellenden Hunden in einen Weg zu unserem Schatz verwandeln könnten. Oft genug bleibt uns der Sinn der Krankheit verschlossen, oft genug bringt sie nur unerträgliche Schmerzen mit sich. Auch wenn wir sie noch soviel befragen, verrät sie uns nicht, wozu sie uns führen möchte. Es gibt eben nicht nur die Krankheit als Ausdruck der Seele, sondern auch die Schicksalskrankheit, die uns von außen geschickt wird, ohne daß wir durch sie unsere Psyche erkennen können. Dann bleibt uns nichts anderes übrig, als uns mit unserer Krankheit auszusöhnen, als uns in der Krankheit Gott zu ergeben. Die Krankheit zwingt uns dann, die eigenen Waffen aus der Hand zu legen und vor Gott zu kapitulieren. Es ist nicht so leicht, sich in seiner Krankheit Gott zu überlassen. Da huldigen wir doch zu oft einer Spiritualität von oben, die uns weismachen möchte, daß wir eigentlich nicht krank sein dürften, wenn wir richtig lebten. Da ist der Ehrgeiz in uns zu stark, daß wir die Krankheit wieder in Griff bekommen können. Und oft genug taucht das Gefühl auf, daß wir etwas falsch gemacht haben, daß wir selbst schuld sind an unserer Krankheit. Wir müssen dann alles Suchen nach der Ursache und alle Schuldgefühle loslassen und uns einfach in Gott hinein fallen lassen. Gott führt uns oft ganz anders, als wir es uns vorstellen. In der Krankheit begegnen wir dem unverständlichen Gott. Da müssen wir all unsere Bilder von Gott und von uns selbst aufgeben, um uns dem wirklichen Gott zu überlassen, der alle unsere Pläne und Vorstellungen durchkreuzt, um uns ganz und gar für sich aufzubrechen.

c) Der Umgang mit meinen Verletzungen und Wunden

Spiritualität von unten zeigt mir einen andern Weg, mit meinen Wunden umzugehen. Jeder von uns trägt irgendwelche Wunden mit sich, die ihm das Leben geschlagen hat. Der eine ist als Kind ungerecht geschlagen worden und konnte sich nicht wehren. Der andere ist lächerlich gemacht, nicht ernst genommen worden. Eine andere ist sexuell mißbraucht worden, als Triebobjekt behandelt worden. Das sind tiefe Verletzungen. John Bradshaw meint, am schlimmsten sei die spirituelle Verletzung. Er versteht darunter, daß wir in unserer Einmaligkeit und Besonderheit nicht geachtet wurden: „Die spirituelle Verletzung ist mehr als alles andere dafür verantwortlich zu machen, wenn aus uns unselbständige, schamerfüllte erwachsene Kinder werden. Die Geschichte des Niedergangs eines jeden Mannes und einer jeden Frau handelt davon, daß ein wunderbares, wertvolles, besonderes und kostbares Kind sein Gefühl für das 'Ich bin, wer ich bin' verloren hat." (Bradshaw 66)

Manche schützen sich gegen die Verletzungen in ihrer Kindheit, indem sie sich innerlich verkrampfen. Das ist oft sogar notwendig, um überhaupt zu überleben. Aber zugleich hindert es uns am Leben. Andere verdrängen die Wunden. Sie halten sie verschlossen unter einem festen Deckel. Aber dann leben sie ständig in der Angst, daß der Deckel nicht hält und der Innendruck eine Explosion auslöst. Wieder andere lassen sich von ihren Wunden lähmen. Sie kreisen ständig darum und weigern sich, sich auf das Leben einzulassen, aus Angst, sie könnten wieder verletzt werden. Spiritualität von unten will uns zeigen, daß wir gerade in unseren Wunden den Schatz entdecken, der auf dem Grund unserer Seele verborgen liegt. Henry Nouwen meinte bei der Einweihung unseres Recollectiohauses vor drei Jahren: „Dort wo wir verwundet sind, wo wir gebrochen sind, dort sind wir auch aufgebrochen für Gott." Dort sind wir auch offen, um unserem wahren Selbst zu begegnen. Durch meine Wunden entdecke ich, wer ich wirklich bin. Da komme ich in Berührung mit meinem Herzen, da werde ich lebendig, da entdecke ich den Schatz meines wahren Selbst. Die Wunden zerbrechen mir die Masken, die ich mir aufgesetzt habe, und legen den wahren Grund frei. Freilich ist der Weg dieser Spiritualität von unten nicht so einfach. Er setzt voraus, daß ich mich aussöhne mit meinen Wunden, daß ich meine Wunden als meine besten Freunde ansehe, die mir den Weg zum Schatz in mir zeigen. Dort wo ich verwundet bin, bin ich auch ganz ich selbst. Da schreit hinter der Oberfläche meines Lebens mein wahres Selbst auf und meldet sich zu Wort. Da ist eine Frau, die als kleines Mädchen von drei Jahren von ihrer Mutter mit dem Stock auf den nackten Hintern verprügelt worden ist, ohne daß ihr der Grund dafür klar war. Unwillkürlich machte sich das Mädchen ganz steif, um sich in ihrer Ohnmacht und Wut dagegen zu wehren. Mit 50 Jahren hat sie starke Rückenschmerzen. In der therapeutischen und geistlichen Begleitung wird ihr bewußt, daß sie sich mit ihrem harten Rücken gegen alle Verletzungen wehrte, die ihr das Leben immer wieder schlug. Aber die Erkenntnis der Ursache nimmt die Rückenschmerzen noch nicht weg. Erst als sie sowohl im Gespräch als auch in der Massage mit ihrer Wunde in Berührung kommt, kann sie die Verkrampfung lassen. Da beginnen ihre Gefühle in ihrem Rücken zu fließen und es strömt eine wohlige Energie in ihr. Sie blüht auf, freut sich an ihrer neu gefundenen Lebendigkeit. Und sie erkennt, daß es für sie lebensnotwendig war, sich so zu verkrampfen. Aber jetzt ist das Sichverschließen keine angemessene Verhaltensweise mehr, es würde ihre Rückenschmerzen nur noch verstärken. Jetzt ist sie so stark, daß sie sich dem Schmerz der Kindheit neu stellen kann, daß sie auch die Wut auf ihre Mutter zulassen kann, die sie bisher idealisiert hatte. Der Dialog mit ihren Rückenschmerzen und das Anschauen ihrer Lebenswunde hat neues Leben in ihr aufblühen lassen. Sie kann sich aussöhnen mit ihrer Vergangenheit, die sie nun realistisch betrachten kann, mit ihren Wunden, aber auch mit ihren guten Erfahrungen. Und sie spürt, daß das Leben in ihr wieder fließt, daß sie richtig Lust bekommt, zu leben. Ihr geistliches Leben war über weite Strecken ein Versuch gewesen, vor der Wunde ihres Lebens davonzulaufen. Jetzt kann sie sich der Wunde stellen, jetzt kann sie die Wunde als Quelle ihrer Spiritualität erkennen und lieben lernen. Die Wunde hält sie wach, daß sie sich nicht wieder in sich selbst verschließt, sondern sich von ihr aufbrechen läßt für Gott.

Eine andere Frau reagiert immer sehr empfindlich auf jeden Anflug von Kritik. Sie wittert darin sofort Ablehnung ihrer ganzen Person. Als Kind wurde sie von der Mutter an die Tante abgeschoben und erlebte sich als Belastung für die Mutter. In jeder Kritik bricht die Wunde des Abgeschobenwerdens, des Lästigseins, wieder auf. Alle Einsicht hilft ihr nicht, von dieser Empfindlichkeit loszukommen. Auch das Bemühen, durch Gebet und Meditation von dieser Empfindlichkeit frei zu werden, scheitert. Trotz Gebet reagiert sie immer wieder gleich und ärgert sich darüber. Spiritualität von unten würde bedeuten, daß sie hinunter steigt in ihre Empfindlichkeit, in die Wunde des Abgelehntwerdens und Nichterwünschtseins. Erst wenn sie den Schmerz der Ablehnung durch die Mutter nochmals durchleidet, kann er sich wandeln, kann sie mitten im Schmerz etwas ahnen von einer anderen Geborgenheit, von einer bedingungslosen Liebe, die sie trägt. Es nützt nichts, wenn sie vor dem Schmerz ins Gebet flüchtet, sie muß vielmehr den Schmerz durchbeten, um durch den Schmerz mit ihrem Schatz in Berührung zu kommen, mit dem Schatz des verletzten Kindes, das aber zugleich ein göttliches Kind ist, von Gott mit einer göttlichen Würde beschenkt. Durch den Schmerz hindurch kann sie auf dem Grund ihrer Wunde Gott erahnen. Vielleicht muß sie lange genug die Klagelieder gebetet haben, bis sich ihr Schmerz in Freude wandeln kann: „Im Finstern ließ er mich wohnen wie längst Verstorbene. Er hat mich ummauert, ich kann nicht entrinnen. Er hat mich in schwere Fesseln gelegt. Wenn ich auch schrie und flehte, er blieb stumm bei meinem Gebet. Mit Quadern hat er mir den Weg verriegelt, meine Pfade irregeleitet. Ein lauernder Bär war er mir, ein Löwe im

Versteck. Er hat mich vom Weg vertrieben, mich zerfleischt und zerrissen." (Klagelieder 3,6-11) Erst wenn sie vor Gott ihren Schmerz ausdrückt, bekommt sie die nötige Distanz zu ihren Wunden und sie können heilen und sich wandeln.

Immer wieder enttäuscht uns das Leben. Wir sind enttäuscht über uns selbst, über unser Versagen und Scheitern. Wir sind enttäuscht von unserem Beruf, von unserem Ehepartner, von der Familie, vom Kloster, von der Pfarrei. Manche reagieren resigniert auf die Enttäuschung. Sie finden sich halt ab mit dem Leben, wie es ist. Aber in ihrem Herzen stirbt jede Lebendigkeit ab, jede Hoffnung. Die Träume vom Leben werden begraben. Auch die Enttäuschung könnte mich zum Schatz führen. Vielleicht will sie mich von den Illusionen befreien, die ich mir über mich und meine Zukunft gemacht habe. Vielleicht habe ich alles mit einer rosaroten Brille angeschaut und jetzt reißt mir die Enttäuschung die Brille aus dem Gesicht und zeigt mir die Wahrheit meines Lebens. Die Enttäuschung entlarvt die Täuschung, der ich bisher verfallen war, und hebt sie auf. Sie zeigt mir, daß mein Selbstbild nicht gestimmt hat, daß ich mich falsch eingeschätzt habe. So ist die Enttäuschung die Chance, das wahre Selbst zu entdecken, das Bild, das Gott sich von mir gemacht hat. Natürlich tut die Enttäuschung erst einmal weh. Aber durch den Schmerz hindurch kann ich lernen, mich mit der Realität auszusöhnen und so realistisch und angemessen zu leben.

„Verwundete Austern lassen aus blutigen Wunden eine Perle entstehen. Den Schmerz, der sie zerreißt, verwandeln sie in einen Juwel." (Richard Shanon, in Müller 86) In meinen Wunden wachsen die Perlen. Sie können in mir aber nur entstehen, wenn ich mich mit meinen Wunden aussöhne. Wenn ich die Zähne zusammenbeiße, um meine Wunden krampfhaft zu verschließen, kann darin nichts wachsen. Es tut oft weh, mit meiner Wunde in Berührung zu sein. Da spüre ich die Ohnmacht, sie loszuwerden. Sie wird immer in mir sein, selbst wenn sie vernarbt ist. Aber wenn ich meine Wunde annehme, dann kann sie sich zu einer Quelle von Leben und Liebe verwandeln. Dort, wo ich verwundet bin, bin ich auch lebendig, dort spüre ich mich, dort spüre ich die andern. Da kann ich die andern eintreten lassen in meine Wunde, da wird Begegnung und Berührung möglich, die auch den andern zu heilen vermag. Nur der verwundete Arzt kann heilen, so sagen die Griechen. Wo ich stark bin, dort kann ein anderer nicht in mich eindringen. Dort wo ich gebrochen bin, kann Gott in mich einbrechen, können Menschen bei mir eintreten. Dort komme ich in Berührung mit dem wahren Selbst, dem Bild, das Gott sich von mir gemacht hat.

Wir leben oft in der Illusion, daß all unsere Wunden heilen können. Wir benutzen dann Gott dazu, daß er unsere Wunden heilen soll. Unter Heilung verstehen wir, daß die Wunden sich schließen und wir sie nicht mehr spüren. Solange sie nicht vernarben, kreisen wir um unsere Wunden und bohren uns immer tiefer in sie ein. Wir werfen Gott vor, daß er diese Wunde zuließ. Erst wenn wir bereit sind, uns mit unserer Wunde auszusöhnen, kann sie für uns zum Tor nach innen werden, zum Tor in den unverwundeten und heilen Raum, in dem Gott selbst in uns wohnt. Die Wunde zwingt uns, das Heil in unserem Inneren zu suchen und nicht in äußerer Tüchtigkeit und Stärke. In jedem von uns, mögen wir vom Leben noch so sehr verwundet sein, ist diese heile Raum, das Allerheiligste, zu dem nur Gott Zutritt hat. Dort könnten wir mitten in unserer Zerrissenheit den heilenden Gott in uns erfahren.

d) Die Erfahrung der Ohnmacht und des Scheiterns

Für André Louf führt der Weg zu Gott immer über die Erfahrung der eigenen Ohnmacht. Dort, wo ich nichts mehr kann, wo mir alles aus der Hand genommen wird, wo ich nur noch mein Scheitern feststellen muß, gerade dort ist auch der Ort, an dem mir nichts anderes übrig bleibt, als mich loszulassen, mich in Gott hinein zu ergeben, die Hände zu öffnen und die leeren Hände Gott hinzuhalten. Die Erfahrung Gottes ist nie eine Belohnung unserer eigenen Mühe, sondern die Antwort auf die eigene Ohnmacht. Sich in Gott hinein ergeben, das ist das Ziel des geistlichen Weges. André Louf spricht von der Askese der Schwachheit: „Jede Form echter Askese muß den Mönch irgendwie zu diesem Nullpunkt bringen, wo seine Kräfte zusammenbrechen, wo er mit seiner äußersten Schwachheit konfrontiert wird und ihr nicht mehr gewachsen ist. So wird sein Herz zerschlagen, zermalmt, zum cor contritum. Und mit seinem Herzen all seine menschlichen Vollkommenheitspläne. In diesem zerschlagenen, zerstoßenen Herzen, wo nur noch Schwachheit und Unvermögen herrschen, da kann die Kraft Gottes auftreten und alles neu übernehmen. Dann wird die Askese ein Wunder, ein fortdauerndes Wunder in einem erniedrigten und zermalmten Herzen, das ausgeliefert ist an seine eigene Schwachheit und an die Allmacht des Herrn." (Louf 46f)

Louf zitiert einen Spruch des Altvater Moses: „Fasten und Nachtwachen haben zum Ziel, den Mönch zu entmutigen, 'ut se dimittat', daß er sich aufgebe, und ihn zur Demut zu führen. Wenn er diese Frucht bringt, dann trifft der Mönch das Herz Gottes, und Gott tritt dazwischen mit dem

Wunder." (46) Die Askese führt nicht in die Stärke, sondern in die Schwachheit, in die Erfahrung, daß wir selbst uns nicht besser machen können, daß wir ganz und gar auf Gottes Gnade angewiesen sind. Dort soll ich mich selber und all meine eigenen Bemühungen loslassen, um mich in Gottes Arme fallen zu lassen.

Trotz allen Scheiterns rufen die Mönche dennoch zur Askese auf. Ohne Askese wäre die Gnade eine „billige Gnade", wie Bonhoeffer sie nennt. Erst wenn ich bei allem Kämpfen spüre, daß ich mich selbst nicht besser machen kann, erkenne ich, was Gnade wirklich bedeutet, dort kann mir aufgehen, was der Landpfarrer bei Bernanos in sein Tagebuch schreibt: „Alles ist Gnade." Louf erklärt an einem Beispiel, was er unter der Askese der Schwachheit versteht: „Gesetzt den Fall, ein junger Mönch kommt und fragt: 'Vater Abt, darf ich morgen früh eine Stunde eher aufstehen? Ich kann es wohl, glauben Sie mir!' - 'Nun, wenn Sie es können, dann ist es nicht nötig. Dann hat es ja keinen Sinn mehr! Denn wo stehen Sie dann? Dann stehen Sie auf der Seite der Gerechten...' Völlig anders wäre die Situation, wenn er sagte: 'Das ist für mich ein schwacher Punkt, und ich spüre, daß Gott mich hier anruft, um durch diese Schwachheit hindurch an mir sein Wunder zu wirken.' Das ist Askese. Und nicht jeder ist dazu berufen, das ist klar." (47) Askese heißt nicht, seine Kraft zu erproben, sondern immer wieder an die eigene Grenze zu kommen, um sich dort dem Grenzenlosen zu ergeben. „Ich bin überzeugt, daß monastische Askese einzig und allein - sonst ist es heidnische Askese - eine Gebärde armer und schwacher Menschen sein kann, die jetzt ihre Hoffnung auf die Gnade setzen." (47) Manchmal bleibt Gott gar keine andere Möglichkeit, den Menschen in seine Schwachheit zu führen als durch die Sünde. „Isaak von Ninive sagt: Wenn Gott keinen anderen Ausweg mehr hat, dann läßt er die Sünde zu. Er läßt die Sünde zu, um den Menschen in seine tiefste Schwachheit zu führen. Es ist der letztmögliche Weg. Aber zuweilen nimmt Gott eben seine Zuflucht zu diesem Weg, weil nur dort seine Kraft sich offenbart." (Louf 50) In meiner Sünde zerstieben alle Illusionen, die ich mir von mir und meinem spirituellen Weg gemacht habe. Da spüre ich, daß mir meine Askese nicht geholfen hat, die Sünde zu vermeiden. Und ich erkenne, daß ich keine Garantie habe, nicht zu sündigen. Ich werde immer wieder in die Sünde fallen, wenn Gott mich nicht hält. Ich kann machen, was ich will, ohne die Gnade Gottes bin ich der Sünde gegenüber hilflos. Wenn mir das wirklich im Herzen aufgeht, dann bleibt mir nichts anderes übrig, als mich in Gott hinein zu ergeben. Dann fallen alle Mauern zusammen, die ich zwischen mir und Gott aufgerichtet habe. Dann wird mir alles aus der Hand genommen. Ich kann sie nur noch öffnen und in Gott hinein kapitulieren. Die Sünde wird zur felix culpa, wenn sie mir die eigene Ohnmacht zeigt. Ich habe für mich keine Garantie. Die Sünde verweist mich auf Gott, der allein mich verwandeln kann.

Es kommt immer darauf an, wie ich meine Erfahrungen deute und auf sie reagiere. Ich kann meine Sünde als Versagen deuten und mit Selbstvorwürfen reagieren. Das wird mich dann innerlich herunterziehen und in die Resignation treiben. Ich kann die Sünde auch verharmlosen, dann wird mein geistliches Leben verbürgerlichen. Und ich kann die Sünde verdrängen, dann werde ich zum Pharisäer. Die Spiritualität von unten lädt uns ein, in der Sünde eine Chance zu sehen, sich ganz und gar auf Gott zu werfen. Das heißt natürlich nicht, daß wir bewußt sündigen sollen. Wir sollen darum kämpfen, von Gott verwandelt zu werden. Aber trotzdem werden wir immer wieder in die Sünde fallen. Wenn wir uns damit aussöhnen, wenn wir die eigene Ohnmacht in unserem Streben nach Vollkommenheit eingestehen, dann ist gerade dieser Tiefpunkt die Chance, uns ganz und gar in Gott hinein zu ergeben. In der Sünde reißt Gott alle Masken von unserem Gesicht, da stürzen alle selbst errichteten Mauern des Korrektseins zusammen. Und so können wir uns nackt und bloß dem wahren Gott stellen und uns von seiner Liebe wieder aufrichten lassen.

André Louf zitiert immer wieder das Wort des hl. Paulus: „Meine Gnade genügt dir; denn sie erweist ihre Kraft in der Schwachheit... Wenn ich schwach bin, dann bin ich stark." (2 Kor 12,9f) Es ist das Paradox des geistlichen Weges, daß wir gerade in unserer Schwachheit ein Gespür für Gottes Gnade bekommen. In unserer Askese haben wir oft das Gefühl, daß wir uns selber weiterbringen, daß wir die Tugenden selbst erringen können. Erst im Scheitern spüren wir, daß wir uns nicht besser machen können, daß wir ganz und gar auf Gottes Gnade angewiesen sind. Die Gnade Gottes setzt an unserer Schwachheit an und wird in unserer Ohnmacht zur Kraft des Geistes. Der Geist kann uns nur verwandeln, „wenn er zerschlägt, wenn er aufbricht. Er muß Mauern, Befestigungen, Burgen zertrümmern." (Louf 29) Die Gnade ist für Louf nicht „eine Art Deckmantel, der über alles gebreitet wird... Die Gnade reicht tiefer als unser Unterbewußtsein. Sie ist das Allertiefste in uns, und sie muß durch Psyche und Leib hindurch zum Wachsen kommen. Und normalerweise wird dies unsere Psyche aufwühlen, abbrechen und wiederaufbauen, verwunden und heilen, geradebiegen." (30) Die Gnade baut auf die Natur auf und kann sie erhöhen. Aber sie kann auch an uns wirken, indem sie uns zu unserem Tiefpunkt, zum Nullpunkt führt. „Die entscheidende geistliche Prüfung in seinem Leben bringt den Mönch an den Rand der Verzweiflung, an die Schwelle der Möglichkeit, den Verstand zu verlieren. So weit kann es kommen, wenn er nicht durch die Gnade aus seiner tiefsten Schwachheit errettet wird. Das ist nicht verwunderlich; wenn die Mauern der falschen Demut und der falschen Vollkommenheit zertrümmert sind, dann ist plötzlich aufs neue alles möglich." (31) Wenn die Ideale zerbrechen, an denen sich der Mönch solange festgehalten hat, dann bleibt ihm nichts anderes übrig, als sich Gott zu übergeben.

Georges Bernanos beschreibt im Tagebuch eines Landpfarrers immer wieder, daß uns alles, die Enttäuschung, die eigene Bosheit, die Sünde, letztlich in Gott hinein treiben wird. Auf die Worte, die ihm die Tochter des Grafen entgegenschleudert: „Wenn das Leben mich enttäuscht, so ist mir dies einerlei. Ich werde mich rächen und werde Böses mit Bösem vergelten", antwortet er: „In jenem Augenblick werden Sie Gott finden. ... Stürmen Sie also immer vorwärts, solange Sie nur wollen: eines Tages muß die Mauer weichen, und alle Breschen stehen dann gegen den Himmel offen." (Bernanos 261) Auch das Scheitern des Landpfarrers an sich selbst und an seiner Gemeinde führt ihn nur noch tiefer in die Liebe zu Gott. Als er im Sterben liegt, verwandelt sich sein Mißtrauen sich selbst gegenüber und sein Scheitern in Liebe: „Das eigentümliche Mißtrauen, das ich gegen mich, gegen meine Person hegte, beginnt sich zu verflüchtigen, und das wohl für immer. Dieser Kampf ist zu Ende. Ich verstehe ihn nicht mehr. Ich bin mit mir selbst versöhnt, versöhnt mit dieser armen sterblichen Hülle. Es ist leichter, als man glaubt, sich zu hassen. Die

Gnade besteht darin, daß man sich vergißt. Wenn aber aller Stolz in uns gestorben wäre, dann wäre die Gnade der Gnaden, sich selbst demütig zu lieben als irgendeinen, wenn auch noch so unwesentlichen Teil der leidenden Glieder Christi." (Ebd 302f)

Das Scheitern an uns selbst kann uns zur Verzweiflung an uns selber führen. Aber diese Verzweiflung könnte uns auch öffnen für die Gnade Gottes, die uns aufrichtet. Deshalb wohl nennt Benedikt am Ende des 4. Kapitels, in dem er all die Werke aufzählt, die wir selbst tun können, um uns zu formen und für Gottes Gnade zu bereiten, als das wichtigste Werkzeug der geistlichen Kunst: „An der Barmherzigkeit Gottes niemals verzweifeln." Er hat offensichtlich gespürt, daß die Askese uns leicht in die Verzweiflung führen kann, weil wir doch nicht erringen, was wir möchten. Doch normalerweise gehen wir anders mit unsern Fehlern und unserm Scheitern um. Wir verurteilen uns selbst oder schließen die Augen davor. Es wäre wichtig, achtsam die Scherben seines Lebens in die Hand zu nehmen. Daraus kann etwas Neues erwachsen. Manche haben gerade in der Lebensmitte den Eindruck, daß sie vor einem Scherbenhaufen sitzen. Und meistens reagieren sie mit Resignation. Die Scherben können neu zusammen gesetzt werden. Vielleicht war die alte Schale unseres Lebens zu eng geworden. Vielleicht mußte sie zerbrechen. Das Versagen kann zur Chance werden. Wir lernen oft mehr durch unser Versagen als durch unsere Erfolge. Ein erfolgreiches Lebens ist nach C.G. Jung der größte Feind für die Verwandlung. Durch Scheitern und Versagen hindurch erkennen wir, daß allein Gott aus den Ruinen unseres Lebens sein Haus bauen kann, das Haus seiner Herrlichkeit. So hat es das Volk Israel immer wieder erfahren: „Denn der Herr hat Erbarmen mit Zion, er hat Erbarmen mit all seinen Ruinen. Seine Wüste macht er wie Eden, seine Öde wie den Garten des Herrn." (Jes 51,3)

Wenn ich trotz meiner Anstrengung immer wieder in die gleichen Fehler falle, oder wenn mir trotz meiner Askese eine peinliche Sünde widerfährt, dann kann ich in meinem Scheitern frei werden von allem egoistischen Streben. Statt mich zu beschimpfen, halte ich meine leeren Hände Gott hin. Ich schaue dann nicht auf meine Sünde, sondern auf den barmherzigen Gott, der mich trotz allem liebt. Dann kann mir aufgehen, daß ich Gott ja gar nichts vorweisen muß, daß meine Askese doch auch vom Ehrgeiz geprägt war, vor Gott gut dazustehen. Wenn ich in meiner Sünde vor Gott stehe, zerbricht aller Ehrgeiz. Dann bin ich wirklich frei von allem Leistungsdruck, den ich mir auf meinem spirituellen Weg gemacht habe. Ich öffne die Hände, ergebe mich in Gott hinein und erfahre eine neue Art von Frieden und Freiheit. Ich muß ja gar nichts leisten. Gott ist es, der mich verwandelt, der mich durch mein Scheitern und meine Sünde, durch meine Mißerfolge und Enttäuschungen, für sich aufbricht, damit ich endlich aufhöre, Gott mit meiner eigenen Tugend zu verwechseln, und mich ihm ganz und gar übergebe. Dort begegne ich dann dem wirklichen Gott, dem Gott, der mich aufnimmt, damit ich leben kann, dem Gott, zu dem ich in meiner Profeß gesungen habe: „Nimm mich auf, o Herr, nach deinem Wort. Und laß mich nicht zuschanden werden in meiner Sehnsucht!"

e) Spiritualität von unten und die Gemeinschaft

Die Spiritualität von unten verlangt einen andern Umgang mit der Gemeinschaft. In Klöstern, aber auch in Pfarreien und Gemeinden, hört man oft das Jammern, daß die Gemeinschaft nicht dem Ideal entspricht, daß da trotz des hohen Anspruchs soviel Intrigen und Gehässigkeit geschehen. Meistens versucht man dann, zu überlegen, wie man besser dem angestrebten Ideal entsprechen könne. Aber dann stülpen wir allzuleicht der Gemeinschaft ein Bild über, das sie gar nicht erfüllen kann. Da wäre viel wichtiger, auf die bellenden Hunde in der Gemeinschaft zu hören. Dort, wo es klemmt, wo die Mitbrüder unzufrieden sind, wo sie schimpfen, dort sollten wir nach dem Schatz suchen. Die bellenden Hunde zwingen uns, von unseren idealen Vorstellungen abzurücken und hinabzusteigen zur Realität. Dort könnten wir dann entdecken, welche Blockaden, aber auch welche Energien in der Gemeinschaft stecken. Dort müßte man ansetzen, um die Gemeinschaft zu verwandeln.

In unserer Gesellschaft ist es üblich, daß jeder, der einen Fehler macht, abtreten muß. Wenn ein Politiker einen Fehler macht, dann erschallt von allen Seiten sofort der Ruf nach Rücktritt. Das führt aber dazu, daß wir Politiker heranzüchten, die nichts mehr wagen, weil sie Angst vor jedem Fehler haben. Dann verliert die Politik jede Kreativität. Wenn einer wirklich etwas erreichen will, dann muß er es auch riskieren, etwas falsch zu machen. Der Perfektionismus, der in unserer Gesellschaft herrscht, verhindert Politiker, die sich wirklich auf die Menschen einlassen und neue Wege für das Miteinander suchen. In der Kirche ist es nicht viel anders. Da versuchen alle, die Verantwortung tragen, ihre weiße Weste zu bewahren, aus Angst, man könne in der Öffentlichkeit ihre Fehler und Schwächen bloßstellen. Aber das führt dann auch nur zu angepaßten Menschen, die nichts mehr wagen. Richard Rohr sieht diesen Typ in dem Mann mit der verdorrten Hand dargestellt (Mk 3,1-6). Er hat aus Angst, sich die Finger zu verbrennen, seine Hand zurückgezogen. Und so ist sie verdorrt. Da geht nichts mehr aus, da wird nichts mehr riskiert. Jesus befiehlt diesem Mann: „Streck deine Hand aus!" (Mk 3,5) Nimm dein Leben selber in die Hand! Geh ein Wagnis ein! Riskiere etwas!

Das Volk Israel hat es schmerzlich erfahren, daß seine Geschichte keine Erfolgsgeschichte war. Durch den Zusammenbruch hindurch hat es lernen müssen, daß es unzuverlässig ist, daß es aber Gott immer wieder aufrichtet und aufbaut. Sowohl in der Kirchengeschichte als auch in der Familiengeschichte gibt es solche Zusammenbrüche. Aber normalerweise verschweigen wir sie. Wir wollen mit dem Makel unserer beschädigten Familiengeschichte nichts zu tun haben. Ganz anders hat Matthäus die Familiengeschichte Jesu gezeichnet. Da wird kein reiner Stammbaum gezeichnet, sondern einer, der durch Brüche und Skandale hindurch zu Jesus führt. Die klare Ordnung des Stammbaumes in drei mal vierzehn Geschlechter weist darauf hin, daß Gott in seiner Vorsehung „auch jene Unregelmäßigkeiten, die aus Abstammung und Schuld entstehen", (Grundmann 62) umgreift und in seinen Plan einschließt. So brauchen auch wir unsere Familiengeschichte nicht heiler darstellen, als sie war. Gerade durch die Brüche hindurch schafft Gottes immer wieder etwas Neues, baut er „die Ruinen vergangener Generationen" (Jes 51,4) wieder auf. So wäre ein mutiges Anerkennung der Schuld in der Familiengeschichte und in der Kirchengeschichte befreiend. Denn Schuldverdrängung und Entschuldigungsmechanismus legen uns auf die Vergangenheit fest und zwingen uns, sie zu wiederholen. Nur das Eingeständnis der Schuldgeschichte würde uns für eine heilere Zukunft bereiten.

Jean Vanier, der Begründer der Arche, hat in seinem Buch „Gemeinschaft - Ort der Versöhnung und des Festes" eindrücklich beschrieben, daß eine Gemeinschaft nicht von einer Spiritualität von oben leben kann. Denn die hohen Ideale hindern sie, sich auf die wirklichen Menschen mit ihren Verwundungen einzulassen. Der Umgang einer Gemeinschaft mit Kranken und mit Randfiguren ist aber ein Test für eine wirklich christliche Gemeinschaft. Vanier schreibt von der Aufgabe der Randfigur: „Die Randfigur mit ihren Schwierigkeiten hat etwas Prophetisches. Sie rüttelt an der Gemeinschaft, denn sie fordert Wahrhaftigkeit. Viel zu viel Gemeinschaften sind auf Träume und schöne Worte gebaut. Man spricht immerzu von Liebe, Wahrheit und Frieden. Die Randfigur aber stellt echte Anforderungen. Ihr Schrei ist ein Schrei nach Wahrheit. Hinter den schönen Worten spürt sie die Lüge: den Abstand zwischen dem, was man sagt, und dem, was man lebt." (Vanier 193f) Die Kranken halten einer Gemeinschaft immer den Spiegel vor Augen. Wenn nun die Gemeinschaft nicht in diesen Spiegel sehen will, dann wird sie auf einer Lüge aufgebaut. In einem Organismus wird immer das schwächste Glied krank. Es sagt aber etwas über den ganzen Organismus aus. So ist es auch in der Gemeinschaft. Daher ist es wichtig, sich gerade auf die Kranken, die Randfiguren, die Unzufriedenen und Nörgler einzulassen und sich ihnen zuzuwenden. Das wäre Spiritualität von unten. Der hl. Benedikt hat in der Beschreibung der

Gemeinschaft die Spiritualität von unten im Blick. So verlangt er vom Abt: „Dem Charakter und der Fassungskraft jedes einzelnen suche er zu entsprechen und sich allen so verständnisvoll anzupassen, daß er an der ihm anvertrauten Herde nicht nur keinen Schaden leidet, sondern sich am Gedeihen einer guten Herde freuen kann." (RB 2,32) Sich dem einzelnen anzupassen, „der Eigenart vieler zu dienen" (RB 2,31), das verlangt, daß der Abt sich jedem zuwendet, dorthin hinabsteigt, wo der einzelne sich gerade befindet, und ihn nicht mit hohen Idealen zu überfordern. Heilung geschieht durch Zuwendung, Hinabsteigen, Sich-anschmiegen. Interessant ist, daß Benedikt gerade in den Strafkapiteln am häufigsten das Wort „Bruder" gebraucht. Offensichtlich braucht gerade die Krise und das Scheitern die bewußte Zuwendung zum Bruder, das Achten des Bruders und den Glauben an Christus im Bruder. „Der Abt bemühe sich auf jede Weise, Sorge zu tragen um Brüder, die gefehlt haben. Denn: Nicht die Gesunden brauchen den Arzt, sondern die Kranken." (RB 27,1) Das achtsame Umgehen mit den kranken Brüdern und mit Krisensituationen innerhalb des Konventes ist das Kennzeichen einer christlichen Gemeinschaft. In den Firmen hat ein Kranker keine Chance. Selbst Manager werden fallen gelassen, wenn sie körperlich oder seelisch krank werden, wenn sie auf einmal nicht mehr so funktionieren wie bisher. Mit dieser harten Auslese programmieren wir vor, daß die Menschen in einer Firma immer kränker werden. Im Kranken einen Spiegel für sich und für die Gemeinschaft zu sehen und mit „äußerster Sorgfalt" und „viel Taktgefühl" (RB 27,5) mit ihnen umzugehen, zeichnet die christliche Gemeinschaft aus und schafft auf Dauer ein menschlicheres und gesünderes Zusammenleben.

4. Demut und Humor als Grundzug christlicher Existenz

Spiritualität von unten ist nur ein anderer Begriff für den Weg der Demut, wie ihn die frühen Mönche beschrieben haben. Wenn wir die Demut im Einklang mit dem hl. Benedikt und seiner Tradition, aus der er schöpft, vor allem als religiöse Haltung verstehen, dann werden wir mit ihr nicht die negativen Assoziationen verbinden wie: „einen Buckel machen", kriechen, den Anforderungen des Lebens ausweichen, falsche Bescheidenheit, mit der sich ein heimlicher Egoismus tarnt. Demut ist keine Tugend, die wir uns selbst erarbeiten können, sondern Ausdruck der Erfahrung Gottes und unserer eigenen Wirklichkeit. Und Demut ist der Weg des Hinabsteigens in den eigenen humus, in die eigene Erdhaftigkeit. Dieses Vertrautwerden mit dem humus in uns führt zum Humor. Das ist ein wesentlicher Aspekt der Demut, daß sie gelassen ist, daß sie humorvoll umgeht mit der eigenen Wirklichkeit wie mit der Welt. Aber Demut beschreibt auch den Weg des Scheiterns, den Weg in den Nullpunkt, an dem unser Leben zu zerbrechen scheint, an dem es aber gerade für Gott aufgebrochen wird. Wenn wir uns aussöhnen, daß der Weg der Demut unser Weg zu Gott ist, dann würden wir nicht ständig gegen unsere Natur ankämpfen, dann könnten wir die vergeblichen Anstrengungen aufgeben, uns selbst besser zu machen. Ich erlebe immer wieder in der geistlichen Begleitung, wie Menschen meinen, sie müßten ihre Fehler überwinden, sie müßten mehr Selbstvertrauen entwickeln, sie müßten stärker werden. Und dann sind sie oft maßlos entttäuscht, wenn sie trotzdem noch empfindlich und verletzlich sind. Gerade das Scheitern der eigenen Bemühungen um einen

Zustand der Gelassenheit und Sicherheit, des Selbstvertrauens und der Stärke, kann uns für den wahren Gott aufbrechen. Und es kann uns auch menschlicher machen. Wenn wir uns damit aussöhnen, daß wir halt verletzte Kinder sind, empfindlich, der Liebe bedürftig, abhängig von Lob und Tadel, dann sind wir menschlicher geworden, als wenn wir uns unempfindlich und selbstsicher gemacht hätten. Dann sind wir zu echteren Beziehungen fähig, als wenn wir alle Verletzungen aufgearbeitet hätten. Und dann werden wir mehr von Gott verstehen, als wenn wir das Ideal erreicht hätten, das wir angestrebt haben.

Eine Spiritualität, die sich von der Demut leiten läßt, führt nicht zu einem Menschen, der sich künstlich klein macht, der sich dafür entschuldigt, daß er überhaupt auf der Welt ist. Vielmehr wird die Demut zu innerer Wahrhaftigkeit führen, zur Gelassenheit und zum Humor. Im Humor steckt die Ahnung, daß alles in uns sein darf, daß wir von der Erde genommen sind und daher vor nichts Irdischem zurückschrecken dürfen. Humor ist die Aussöhnung mit unserer Menschlichkeit, Erdhaftigkeit, Hinfälligkeit. Im Humor steckt das Einverstandensein mit mir, so wie ich bin. Der Soziologe P.L. Berger nennt den Humor ein „Zeichen der Transzendenz". Im Humor wird eine widrige Situation überstiegen und spirituell bewältigt, indem man sich einerseits damit aussöhnt, sie andererseits von Gott her relativiert und übersteigt. Während der Humor sich mit der Realität aussöhnt und sie so verwandelt, kann der Idealismus für uns zur Flucht vor unserer Wirklichkeit werden. Da wir nicht so sind, wie wir gerne sein möchten, fliehen wir in hohe Ideale, entwickeln wir Theorien des geistlichen Lebens, die mit unserer alltäglichen Realität nichts zu tun haben.

Heinrich Lützeler meint, Humor habe immer mit der Entlarvung der Wirklichkeit zu tun: „Die bedeutenden Gestalter des Komischen - Aristophanes, Shakespeare, Cervantes, Moliere zum Beispiel - waren Realisten, und nichts Menschliches blieb ihnen fremd. Hinter tausend Verhüllungen, hinter prunkenden Kulissen und tönenden Worten holten sie unfehlbar das Allzumenschliche hervor." (Lützeler 12) Humor ist zuerst die Selbstentlarvung, in der man sich von der Sucht befreit, sich als Denkmal zu fühlen. Im Humor findet man das rechte Maß für sich selbst, da befreien wir uns von allem Pathos, in dem wir uns selbst so gerne aufblähen. „Der Mensch, der lachend seine eigene Fehler sieht, und der Mensch, der lachend sich in die dumpfe Materie verstrickt weiß, sind beide auf dem Weg zum Humor; beide erkennen scharfsichtig das Unvollkommene der Welt, aber nicht trotzend, nicht verzweifelt, nicht mürrisch, nicht kalt, sondern trotz allem diese schöne Erde liebend und von der geheimem Überzeugung beseelt, daß auch das Unvollkommene irgendwie in Ordnung ist." (Ebd 23f) „Der Humor ist gewachsen in der irdischen Unvollkommenheit und ist erblüht in der Liebe zur Welt. Er weiß um das Kleine und um das Große. Er ist frei genug, um sich nicht mehr am Kleinen zu ärgern. Welch ein Mangel an Glauben wäre es, zu meinen, dieses kribbelnde Irren und Wirren der Menschen könnte die große Ordnung stören! Man darf das alles nicht so wichtig nehmen. Erst dann wird man fähig, auf das, was der Himmel uns schickt, so zu antworten, wie er es will: gelassen, im Grunde heiter, im Letzten vertrauend." (Ebd 41) Letztlich ist Humor nicht eine Sache des Charakters, sonders des Glaubens. Der Humorist sagt Ja zu seinem Schicksal „aus der Gewißheit heraus, daß auch noch die Nichtigkeit des

Menschen vom Willen Gottes gehalten und von der Liebe Gottes durchströmt ist" (54). Die Grundbegriffe des Humors: Freiheit, Maß, Ganzheit, Spiel „sind zugleich innerste Anliegen des religiösen Menschen". „Es lebt niemand aus Gott, der nicht frei von den Dingen und im Ganzen lebt, der nicht das Maß und die Ordnung jedes einzelnen erkennt, der nicht sein Dasein als ein freudiges Sichausströmen vor dem Schöpfer alles Seins verwirklicht." (55)

Es ist nicht zufällig, daß alle spirituellen Lehren des Ostens und Westens zur Demut hinführen. Die Anerkenntnis unserer Menschlichkeit ist nicht nur die Bedingung echter Menschwerdung, sondern auch die Voraussetzung für wirkliche Gotteserfahrung. Ohne Demut sind wir leicht in Gefahr, Gott für uns zu vereinnahmen. Deshalb fordern gerade die Mystiker die Demut. Ohne Demut würde der Mystiker sich allzuleicht mit Gott identifizieren. Da wäre kein Abstand mehr zwischen dem Gott in uns und unserem eigenen Selbst. Die Spannung zwischen unserer Menschlichkeit und Erdhaftigkeit und dem Geschenk göttlicher Gnade, die uns durchdringt und uns zum Tempel Gottes macht, gehört wesentlich zum geistlichen Leben. Wir können das Geschenk der göttlichen Gnade nur annehmen, wenn wir uns unserer eigenen Menschlichkeit bewußt sind. Es ist daher nicht übertrieben, wenn Menschen, die auf dem spirituellen Weg weit fortgeschritten sind, immer wieder von der Demut sprechen. Sie haben erfahren, daß sie sich Gott nur demütig nahen können. Demut ist der irdische Pol auf unserem spirituellen Weg. Je tiefer die Gotteserfahrung, desto mehr muß der Gegenpol, die Menschlichkeit, die humilitas, betont werden. Sonst wären wir in Gefahr, uns mit Gott zu identifizieren und Gott für uns zu vereinnahmen.

Die Demut schützt unsere Gottesbegegnung vor Inflation, vor Sichaufblähen, vor falscher Identifizierung mit Gott. Je mehr ich mich aber mit einem archetypischen Bild identifiziere, desto mehr verliere ich den Blick für meine eigene Realität. Ich werde in mir gespalten, zerrissen. Ich muß die Augen immer mehr vor meiner Wirklichkeit verschließen. Die Demut ist das Fundament, das uns davor schützt, auf unserem Weg zu Gott abzuheben und unser Menschsein zu überspringen. Sie bewahrt uns vor der Inflation, die die größte Gefahr für religiöse Menschen darstellt.

Die Demut ist im frühen Mönchtum nicht nur das Gefühl der Niedrigkeit und Erdhaftigkeit, sondern ist mit der Sanftmut eng gekoppelt. Im Griechischen heißt demütig tapeinos, häufig wird aber auch das prays mit demütig übersetzt. Prays ist aber zugleich Güte, Sanftmut. Für Evagrius Ponticus ist die Sanftmut das Kennzeichen des geistlichen Vaters. Sanftmut meint die Milde im Blick auf uns selbst und auf andere, Barmherzigkeit mit unseren und fremden Fehlern und Schwächen. In der Sanftmut eines Menschen zeigt sich, daß seine demütige Selbsterkenntnis ihn in seinem Herzen verwandelt hat. Evagrius warnt davor, Enthaltsamkeit ohne Sanftmut zu üben. „Die Enthaltsamkeit unterdrückt allein den Leib, die Sanftmut aber macht den Intellekt zum Seher!" (Brief 27,4) Die Sanftmut ist die Voraussetzung für wahre Kontemplation. Immer wieder verweist Evagrius daher seine Mönche auf Mose: „Er war sanftmütiger als alle Menschen." (Num 12,3; Brief 27,2) Wir können nur dann wie Mose Gott schauen, wenn wir seine Sanftmut lernen. Ohne Sanftmut verdunkelt Askese nur unseren Geist. Daher mahnt Evagrius einen Schüler: „Vergiß aber vor allem die Sanftmut und die Besonnenheit nicht, die die Seele reinigen und der 'Erkenntnis Christi' (=Kontemplation) nahebringen." (Brief 34,2)

Das Neue Testament versteht die Demut nicht nur als Verhalten Gott gegenüber, sondern auch gegenüber den Menschen. Daher wird Demut zusammen gesehen mit Sanftmut, Milde, Großherzigkeit. „Darum bekleidet euch mit aufrichtigem Erbarmen, mit Güte, Demut, Milde (Sanftmut), Geduld (Langmut)!" (Kol 3,12,) Mit diesen fünf Begriffen beschreibt Paulus das Verhalten Gottes zu uns und zugleich das Wirken des neuen Menschen, der durch Christus erlöst worden ist. Der Demütige verachtet den Bruder und die Schwester nicht, sondern sieht in ihnen Christus. Daher gehört zur Demut die Ehrfurcht vor dem Geheimnis des andern und das große Herz, in dem auch der Bruder und die Schwester Raum haben. Wer seiner eigenen Menschlichkeit begegnet ist, dem ist nichts Menschliches mehr fremd. Er ist ausgesöhnt mit allem Menschlichen, das ihm begegnet, gerade auch mit dem Schwachen und Kranken, mit dem Unvollkommenen und Gescheiterten. Er sieht alles umfangen vom milden Blick Gottes, von der barmherzigen Sicht Jesu. Und so kann er nicht anders als selbst barmherzig und milde auf alles zu sehen, was ihm in seiner eigenen Seele und was ihm in den Menschen begegnet. Die Sanftmut ist keine Haltung, die von seinem Charakter herströmt, sie ist nicht Ausdruck mangelnder Aggression, sondern letztlich Ausdruck des Glaubens an den barmherzigen Gott, der seinen Sohn Jesus Christus hinabsteigen ließ in die Wirklichkeit dieser Erde. Jesus Christus hat alles Menschliche angenommen und so erlöst. Er hat in seiner Menschheit alle unsere Schwächen und Menschlichkeiten mit hinaufgenommen in den Himmel. Weil er hinabgestiegen ist in die Tiefen der Erde, deshalb ist er auch hinaufgestiegen in den Himmel. Und so hat er auch uns den Weg gewiesen. Wir können nicht aufsteigen in den Himmel, wenn wir nicht bereit sind, mit Christus hinabzusteigen in den humus, in die Erdhaftigkeit, in das Dunkel, in das Unbewußte, in unsere menschliche Schwachheit. Das Paradox des geistlichen Aufstiegs, das Benedikt an den Beginn seines Demutskapitels gesetzt hat, ist auch das Paradox jedes spirituellen Weges. Wir steigen auf zu Gott, indem wir hinabsteigen in unser Menschsein. Das ist der Weg der Freiheit, das ist der Weg der Liebe und der Demut, der Sanftmut und der Barmherzigkeit, der Weg Jesu auch für uns.

Das Ziel der Demut ist die Liebe, die alle Angst vertreibt. Weil wir in der Demut hinabgestiegen sind in die Hölle der eigenen Zerrissenheit, haben wir alle Angst vor der ewigen Hölle verloren. Wir haben Christus selbst mitten in der Hölle unserer Seele entdeckt. Er hat Licht in sie hineingebracht und sie verwandelt. Angst engt ein. Die Vertreibung der Angst auf dem Weg der Demut macht das Herz dagegen weit. Daher gilt für das Ende des Demutsweges, was Benedikt am Schluß des Prologs vom klösterlichen Weg überhaupt sagt: „Wer aber im klösterlichen Leben und im Glauben fortschreitet, dem wird das Herz weit, und er läuft in unsagbarem Glück der Liebe den Weg der Gebote Gottes." (Prol 49) Das Herz, dem nichts Menschliches fremd ist, wird weit, es wird erfüllt von Gottes Liebe, die alles Menschliche verwandelt. Der Weg der Demut ist der Weg der Verwandlung. Der Mensch begegnet in der Spiritualität von unten seiner Wirklichkeit und hält sie Gott hin, damit er alles in ihm in Liebe verwandelt, damit alles in ihm durchlässig wird für Gottes Geist.

Schluß

Die Gäste, denen wir in unserem Recollectiohaus die Spiritualität von unten vorgetragen haben, haben sie als befreiend und heilend erfahren. Aber sie haben auch gespürt, daß sie sich durch die Spiritualität von oben, der sie bisher gefolgt sind, oft in ein Korsett gezwängt haben, das für sie zu eng war und das sie manchmal krank gemacht hat. Wir versuchen ihnen dann immer wieder zu vermitteln, daß ihr bisheriger Weg einer Spiritualität von oben durchaus gut war. Er hat sie gezwungen, hart an sich zu arbeiten. Um im Bild zu sprechen: Ihre Spiritualität von oben ist der Stein, den ein böser Mann einer schönen jungen Palme in die Krone gelegt hat, um ihr zu schaden. Aber als er nach einigen Jahren vorbeikam, war sie die schönste und größte Palme geworden. Der Stein hatte sie gezwungen, ihre Wurzeln tiefer zu graben. So zwingen uns oft genug unsere Ideale, tiefe Wurzeln zu graben. Aber unsere Gäste spüren auch, daß sie sich schaden würden, wenn sie weiter nur den Weg von oben gehen würden. Spätestens in der Lebensmitte ist es notwendig, den Gegenpol zuzulassen, die Spiritualität von unten zu versuchen. Jetzt müssen sie den Mut finden, Gottes Stimme in ihrem eigenen Herzen, in ihren Leidenschaften, in ihren Gefühlen, in ihren Träumen, in ihrem Leib, zu vernehmen und zu gehorchen. Jetzt müssen sie das zu enge Korsett, in das sie sich gezwängt haben, aufbrechen, damit das Bild aufblühen kann, das Gott sich von ihnen gemacht hat.

Es ist uns ein Anliegen, den Gästen aufzuzeigen, daß ihr Weg bisher sinnvoll war, daß Gott sie selbst durch ihre Askese und ihre Ideale in den Engpaß geführt hat, in die Ohnmacht, damit sie sich jetzt Gott ergeben und sich in Gott hinein fallen lassen. Ohne die Spiritualität von oben wären sie vermutlich nicht so leicht in den Engpaß gekommen. Tragisch wird es nur, wenn jemand im Engpaß um sich schlägt und mit Gewalt durchkommen möchte. Dann rennt er mit dem Kopf gegen die Wand, bis er blutet und vielleicht sogar verblutet. Im Engpaß, in der Ohnmacht, müssen wir aufhören, zu kämpfen. Da können wir nur noch aus der Tiefe schreien, daß Gott uns aus der Ohnmacht errettet. Wenn wir uns aussöhnen mit unserer Ohnmacht, dann wird sie zum Ort echter Gotteserfahrung. Dann begegnen wir mit unseren leeren Händen, müde gearbeitet, aufgerieben und verwundet, dem Gott, der uns erlöst und befreit. Dann machen wir die Hände auf und erfahren auf dem Grund unserer Ohnmacht Gottes mächtige Gnade, Gottes Liebe, die wir erst dort wirklich verstehen, wo wir am Ende sind, wo wir es aufgegeben haben, uns aus eigener Kraft bessern zu wollen. Dort erst können wir mit Paulus erkennen, was Gottes Gnade wirklich ist, daß sie gerade in unserer Schwachheit zur Vollendung kommt.

LITERATUR

Roberto Assagioli, Psychosynthese, Adliswil 1988.

Die Benediktus-Regel, lateinisch/deutsch, hrsg. im Auftrag der Salzburger Äbtekonferenz, Beuron 1992.

George Bernanos, Tagebuch eines Landpfarrers, München 1949.

Wilhelm Bitter (Hrg), Meditation in Religion und Psychotherapie, Stuttgart 1958.

Aquinata Böckmann, Perspektiven der Regula Benedicti, Münsterschwarzach 1986.

Otto Friedrich Bollnow, Wesen und Wandel der Tugenden, Frankfurt 1965.

John Bradshaw, Das Kind in uns. Wie finde ich zu mir selbst?, München 1992.

Olivier Clément, Das Meer in der Muschel, Freiburg 1977.

Des hl. Abtes Dorotheus Geistliche Gespräche, übers. v. B. Hermann, Kevelaer 1928.

Eugen Drewermann, Kleriker. Psychogramm eines Ideals, Olten 1989.
— ders, Frau Holle. Grimms Märchen tiefenpsychologisch gedeutet, Olten 1982.

Karlfried Graf Dürckheim, Überweltliches Leben in der Welt. Der Sinn der Mündigkeit, Weilheim 1968.

Evagrios Ponticos, Briefe aus der Wüste, hrg. v. G. Bunge, Trier 1986.

Evagrius Ponticus, Praktikos. Über das Gebet, hrg. v. J.E. Bamberger, Münsterschwarzach 1986.

Albert Görres, Der Leib und das Heil: Caro cardo salutis, in K. Rahner, Der Leib und das Heil, Mainz 1967, 7-28.

Graham Greene, Das Ende einer Affäre, Hamburg 1974.

Walter Grundmann, Das Evangelium nach Matthäus, Berlin 1968.

Hubertus Halbfas, Der Sprung in den Brunnen. Eine Gebetsschule, Düsseldorf 1981.

Hermann Hesse, Gesammelte Schriften Bd. 7, Berlin 1957.

Isaak von Ninive, in Ausgewählte Schriften der syrischen Kirchenväter, übers. v. G. Bickell, Kempten 1874.

C.G. Jung, Gesammelte Werke, Bd. 16 und 18, Zürich 1958 und 1973.
—ders., Briefe III, Olten 1973.

Jean Lafrance, Der Schrei des Gebetes, Münsterschwarzach 1983.

Wilhelm Laiblin, Symbolik der Wandlung im Märchen, in: Die Wandlung des Menschen in Seelsorge und Psychotherapie, hrg. v. Wilhelm Bitter, Göttingen 1956, 276-300.

André Louf, Demut und Gehorsam bei der Einführung ins Mönchsleben, Münsterschwarzach 1979.

Heinrich Lützeler, Über den Humor, Zürich 1966.

Pia Luislampe, Demut als Weg menschlicher Reifung. Hermeneutische Schritte zum 7. Kapitel der Regula Benedicti, in: Itinera Domini. Festschrift für Emmanuel von Severus, Münster 1988, 17-30.

David L. Miller, The Two Sandals of Christ: Descent into History and into Hell, in: Aufstieg und Abstieg, hrgs. v. A. Portmann u. R. Ritsema, Frankfurt 1982, 147-222.

Wunibald Müller, Begegnung, die vom Herzen kommt. Mainz 1993.

Karl Rahner, Über die Erfahrung der Gnade, in Schriften zur Theologie III, Einsiedeln 1957, 105-110.

J.A. Sanford, Alles Leben ist innerlich. Meditationen über Worte Jesu, Olten 1974.

Karl Hermann Schelkle, Der 2. Brief an die Korinther, Düsseldorf 1964.

Christian Schütz, Einsamkeit, in Lex. d. Spir., Freiburg 1988.

Igor Smolitsch, Leben und Lehre der Starzen, Wien 1936.

Basilius Steidle, Beiträge zum alten Mönchtum und zur Benediktsregel, hrsg. v. Ursmar Engelmann, Sigmaringen 1986.

Jean Vanier, Ort der Versöhung und des Festes. Salzburg 1983.

John Wellwood, Principles of inner work: Psychological and spiritual. In: JTP 1/1984, 63-73.

MÜNSTERSCHWARZACHER KLEINSCHRIFTEN

Schriften zum geistlichen Leben   ISSN 0171-6360

Weitere Veröffentlichungen folgen.

Vier-Türme-Verlag
D-97359 Münsterschwarzach Abtei

Telefon 0 93 24/20-2 92
Telefax 0 93 24/20-4 52